ANT. REICHA

Partie. Prix de 40

Nota : Cet Ouvrage fait suite au Traité de Mélodie
et au Cours d'Harmonie pratique du même Auteur.

A PARIS chez ZETTER &Cie. Rue du Faubourg Poissonnière N° 5

OBSERVATIONS PRÉLIMINAIRES.

Mon intention n'est pas de fatiguer le lecteur par une longue préface; je laisse à mon livre le soin de sa propre récommandation. Je me bornerai simplement à donner ici l'explication succinte de ce que l'on doit entendre par HAUTE COMPOSITION.

Dans tous les arts (et surtout en musique) il existe un dégré que l'on peut atteindre, jusqu'à un certain point, avec les seules dispositions naturelles; mais en même temps, il est impossible de depasser ce terme, si l'art ne vient à notre secours, en nous initiant à ses mystères. C'est cette dernière partie de l'art qui constitue ce que l'on doit appeler HAUTE COMPOSITION. La ligne de demarcation qui existe entre cette dernière et la COMPOSITION VULGAIRE, est tracée par la nature elle même.

L'ouvrage que j'offre au public ne contient pas seulement les principes élémentaires de la HAUTE COMPOSITION; celle-ci y est en même temps traitée sous le double rapport des progrès qu'elle a faits depuis un siècle et demi, et de ceux qu'elle peut encore faire. J'ai composé moi même tous les exemples donnés dans le courant de l'ouvrage à l'exception de cinq ou six faits par mes élèves: on reconnaitra ces derniers par les noms qui les précéderont. Il eût sans doute été plus facile de donner une collection d'exemples pris à des sources déjà connues; mais, indépendamment de l'impossibilité où j'aurais été d'en rassembler sur des propositions toutes nouvelles, j'ai pensé que l'ouvrage serait d'autant plus intéressant qu'il ne contiendrait que des exemples nouveaux, faits tout exprès pour la matière traitée.

Comme il est important de se représenter au juste le mouvement dans lequel chaque exemple a été conçu et dans lequel il doit être exécuté, on le trouvera indiqué par les N°ˢ du Métronome, partout où cette indication sera necessaire.

Paris le 28 Septembre 1824.   ANTOINE REICHA

L.55.(1)

LIVRE PREMIER.[*]

I

DES TONS D'ÉGLISE EN GÉNÉRAL
ET DE LA MANIÈRE DE LES ACCOMPAGNER.

Vers la fin du quatrième Siècle, on admit quatre tons, d'après lesquels on devait composer les chants consacrés au culte de la religion chrétienne. Voici ces quatre tons, dont chacun porte le nom d'une province de l'ancienne Grèce:

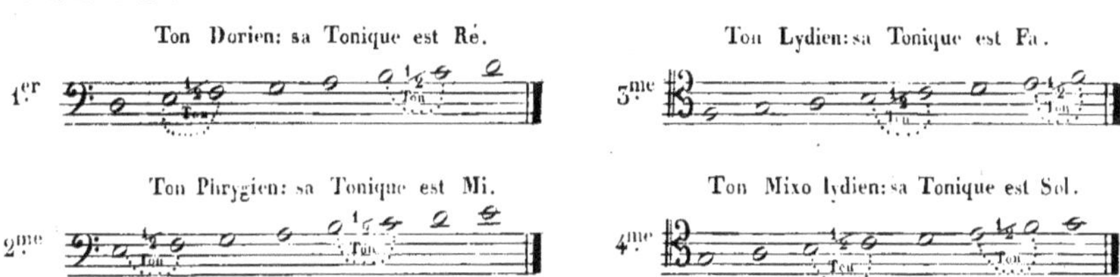

Les dièses et les bémols n'existaient pas alors; il n'y avait d'autres demi-tons que les deux ci dessus indiqués, qui changeaient de place dans chaque ton, par rapport à la tonique différente. De nos jours, chacun de ces tons paraîtrait appartenir à une même gamme, la gamme d'Ut.

Les chants, composés dans chacun de ces quatre tons, devaient être renfermés dans les limites de leurs deux toniques respectives; par exemple dans le ton DORIEN, il fallait rester entre les deux RÉ. Deux cent ans plus tard, le Pape Grégoire ajouta à chacun de ces quatre tons un TON COLLATÉRAL. Pour distinguer les quatre collatéraux on les nomma TONS PLAGAUX, et les premiers TONS AUTHENTIQUES. Le ton authentique et le ton plagal avaient la tonique et la dominante communes; ils ne différaient entre eux qu'en ce que le chant du ton authentique devait être renfermé entre les deux toniques, comme nous l'avons dit, tandis que le chant du ton collatéral devait l'être entre les deux dominantes. Par ce moyen on pouvait composer dans le même ton pour des voix différentes.

Chaque ton plagal tirait son nom particulier de celui de son ton authentique: ainsi le plagal du ton Dorien se nommait HYPO-DORIEN ou SOUS-DORIEN; celui du ton Phrygien, HYPOPHRYGIEN ou SOUS PHRYGIEN; celui du ton Lydien, HYPO-LYDIEN ou SOUS LYDIEN; celui du Mixo Lydien, HYPO-MIXO-LYDIEN ou SOUS MIXO-LYDIEN. Ces quatre tons authentiques et leurs tons plagaux forment ce qu'on appelle les huit anciens tons d'église.

---

[*] Ce premier Livre est le complément indispensable à notre COURS D'HARMONIE PRATIQUE; il est en même tems l'introduction nécessaire à la matière que nous allons discuter dans les livres suivans.

En voici le tableau :

Tableau des anciens tons d'église.

Les quatre tons authentiques.

Bien que le huitième ton, (hypo-mixo-lydien), présente à l'œil le ton authentique Dorien, il faut se garder de les confondre.

Dans l'hypo-mixo-lydien, la tonique étant SOL, le chant devait se terminer sur cette note; tandis que dans le ton Dorien, le chant devait finir sur sa tonique RÉ, ce qui en fait la différence.

Dans le seizième siècle, l'église réformée augmenta le nombre de ces tons des quatre suivans :

La suite des temps a apporté plus ou moins de changemens à tous ces tons, ainsi qu'on peut en juger par le tableau suivant :

Les huit nouveaux tons d'église.

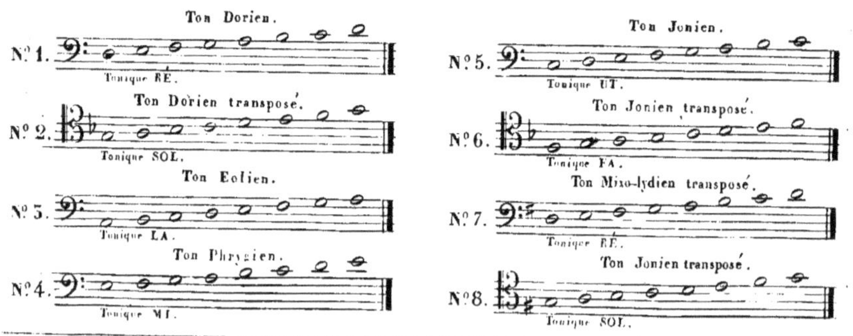

(1) Ce ton est notre LA MINEUR, et par conséquent le type de tous nos tons mineurs.
(2) Ce ton est notre UT MAJEUR, et par conséquent le type de tous nos tons majeurs.

Dans ce nouvel arrangement, il n'est plus question de tons plagaux.

Les chants religieux composés soit dans les anciens tons d'église, soit dans les nouveaux, portent le nom de PLAIN CHANT. (CANTO FERMO.) On ne compose plus le plain chant que dans les huit nouveaux tons d'église, qui, à force de dégénérer, se confondront avec nos vingt quatre tons modernes. Il n'est pas difficile de composer un plain chant régulier dans chacun de ces huit nouveaux tons d'église, il faut seulement observer de se tenir autant que possible dans les limites de l'octave, de terminer par la tonique, d'évi ter les intervalles dissonnans quand on ne procède pas par dégrés conjoints, de marcher le plus sou vent diatoniquement, et surtout de n'employer aucun autre accident que celui qui est à la clef. Les va leurs de notes dont on se sert ordinairement dans le plain chant sont des rondes ou des blanches.

Les compositeurs qui n'ont pas l'habitude des tons d'église, sont souvent embarrassés pour accom pagner régulièrement le plain chant, composé dans les tons DORIEN, PHRIGIEN et MIXO-LYDIEN. Cet embarras provient de ce qu'on ne sait pas avec certitude 1°. Dans quels tons on peut moduler 2°. sur quels accords on peut faire les repos que le plain chant exige quelquefois. 3°. enfin, comment peut s'effectuer la cadence finale. Nous allons donner les éclaircissemens nécessaires sur ces trois points.

Du ton Dorien, premier et second ton d'église.

Le Plain chant de ce ton ne fait ni le Si♭ ni l'Ut ♯, mais on peut introduire l'un et l'autre dans l'harmonie, dès que le compositeur le juge à propos et que cela ne contrarie pas le plain chant. (1)

On commence en RÉ MINEUR; on peut moduler

    1°. En LA MINEUR;   2°. En FA MAJEUR;   3°. En UT MAJEUR.

Par conséquent, on peut faire des repos dans le courant du morceau sur les trois accords de:

    LA MINEUR;   FA MAJEUR;   UT MAJEUR.

Et bien entendu, sur l'accord de RÉ MINEUR.

Lorsque le plain chant est assez long (qu'il contient cinquante à soixante mesures,) pour que des accidens étrangers puissent être convenablement employ-  és dans l'harmonie, on peut encore tenter les deux repos suivans:

La modulation en Sol majeur, N°. 1, ne peut être que très passagère pour que le Fa ♯ ne contrarie pas le Fa ♮ du plain chant. Dans le cas du N°. 2 il faut éviter d'employer le Mi♭, par la raison qu'il ne s'agit pas de moduler en Si♭, mais simplement de faire un repos. On doit terminer le morceau en RÉ MINEUR, avec la cadence parfaite

---

(1) Par exemple, le Si♭ employé dans l'harmonie, contrarierait le SI ♮ du plain chant, s'il se trouvait à u ne grande proximité de ce dernier.

Si le plain chant est à la basse (ce qu'il faut éviter autant que possible),(1) la cadence finale (moins parfaite que la précédente) se fait ainsi qu'il suit:

On accompagnera le plain-chant dans le TON DORIEN d'après ces principes, que l'on observera également en transposant le TON DORIEN sur d'autres Toniques.

Du ton phrigien, 4e. ton d'église.

De tous les tons d'église, c'est celui qui contrarie le plus notre système harmonique, surtout sous le rapport des modulations.

On ne doit introduire aucun accident dans le plain chant composé dans ce ton; mais on peut dans l'harmonie employer fort souvent le SOL ♯ et plus rarement l'UT ♯. On commence par l'accord MI MINEUR. On peut moduler, ou plutôt faire de simples repos

1°. Sur MI MAJEUR, en traitant toujours cet accord comme dominante de LA MINEUR, ou en le faisant précéder de l'accord de LA MINEUR;

2°. Sur LA MINEUR, précédé de l'accord de MI MAJEUR;

3°. Sur SOL MAJEUR, précédé le plus souvent d'UT MAJEUR;

4°. Sur UT MAJEUR, précédé de SOL MAJEUR;

5°. Sur RE MINEUR, précédé de LA MAJEUR si l'UT ♯ ne contrarie pas l'UT ♮ du plain chant;

6°. Sur FA MAJEUR, précédé d'UT MAJEUR;

7°. Sur UT MAJEUR, précédé de FA MAJEUR. Voici des exemples:

On termine le morceau avec l'accord de MI MAJEUR qu'on est obligé de traiter comme dominante de LA MINEUR. Que le plain chant soit dans une portée supérieure ou dans la basse, il n'existe de formules finales que les trois suivantes:

On observera les mêmes principes en transposant le TON PHRYGIEN sur d'autres Toniques.

Du ton mixo-lydien, 7e. ton d'église.

Le Fa ♯ ne peut être introduit dans le plain chant composé dans ce ton; on en fait usage quelquefois dans l'harmonie pour faire la cadence sur la tonique.

---

(1) Par la raison qu'il est difficile de l'apprécier dans cette partie, à cause de la plénitude de l'harmonie qui plane ordinairement dessus.

On commence par l'accord parfait SOL MAJEUR: les cadences (ou repos) se font comme il suit:

et rarement

Il faut éviter d'employer le Si♭ dans ce ton.

On termine par l'accord parfait SOL MAJEUR. On peut indistinctement faire usage de l'une des trois cadences suivantes:

On observera les mêmes règles en transposant le ton Mixo-lydien sur d'autres toniques.

Du ton Ionien, 5.° 6.° et 7.° ton d'église,

(Type de tous nos tons majeurs).

On peut moduler dans tous les relatifs de ce ton qui sont:

1.° RÉ MINEUR; 2.° MI MINEUR;(1) 3.° FA MAJEUR; 4.° SOL MAJEUR;• 5.° LA MINEUR.

On observera les mêmes règles en transposant le ton Ionien sur d'autres toniques

Du ton Eolien, 5.° ton d'église,

(Type de tous nos tons mineurs).

Bien que le Sol♯ ne puisse pas être introduit dans le plain chant composé dans ce ton, on peut en faire usage dans l'harmonie.

Voici le tableau des modulations et repos qu'on peut employer:

En général, on peut moduler dans tous les tons relatifs de La mineur qui sont:

1.° UT MAJEUR; 2.° RÉ MINEUR;(2) 3.° MI MINEUR; 4.° FA MAJEUR; 5.° SOL MAJEUR.

On termine en La mineur par l'une des deux formules suivantes: 

En transposant sur d'autres toniques, on observera les mêmes règles. On trouvera dans le courant de l'ouvrage, des exemples d'accompagnement faits sur le plain chant.

---

(1) Lorsqu'on module en MI MINEUR, il faut user avec discrétion de l'accord de SI RÉ♯ FA♯, attendu son trop grand éclat.

La même remarque existe pour l'accord de RÉ FA♯ LA, lorsqu'on module en SOL.

(2) Il faut user avec discrétion de l'accord de LA UT♯ MI, par la raison que nous avons déjà donnée.

Même observation à l'égard de l'accord de SI RÉ♯ FA♯.

II

DU STYLE RIGOUREUX
OU HARMONIE SÉVÈRE.

Il y a deux systèmes pour traiter l'harmonie, savoir:

1°. Le système ANCIEN, suivi par Palestrina et Fux, c'est à dire celui dont on faisait usage avant le 18e. Siècle.

2°. Le système MODERNE, tel que nous l'avons développé dans notre cours d'harmonie pratique. Ces deux systèmes sont très différens l'un de l'autre. Pour les distinguer, on a jugé à propos d'appeler l'ancien système STYLE RIGOU-REUX; et le système moderne STYLE LIBRE. En comparant ces deux systèmes, on pourrait appeler le premier, SYS-TÈME DE RESTRICTION.

On ne faisait usage du style rigoureux que dans la musique vocale, faite pour l'église, la seule qui existât alors, et pour accompagner le plain chant; son intérêt était uniquement HARMONIQUE. Ce que nous appelons de nos jours CHANT, MÉLODIE, fut ignoré jusqu'au commencement du 18e. siècle.

Le plain-chant, cette antique et vénérable psalmodie, se prêtant facilement à toutes sortes de spéculations ca-noniques, a séduit, et séduit encore, de nos jours, bien des compositeurs qui cherchent à cacher sous de froids calculs harmoniques, l'impuissance de leurs moyens, et l'absence du génie créateur. Pour se livrer de nos jours à ce genre de composition dans toute sa sévérité, il faut ignorer entièrement les progrès que l'art musical a faits depuis un siècle; le compas et la règle à la main, il faut plutôt calculer que sentir, faire abstraction de toute inspiration musicale, en un mot se résigner à n'être qu'un habile ouvrier. Celui qui ne s'est exercé que dans ce style, est incapable de composer un bel air, une scène dramatique saillante, et encore bien moins un mor-ceau de musique instrumental, qui ait de la verve, du goût et de la chaleur.

Le tableau que nous faisons ici du style rigoureux, est peut être un peu sévère, mais il est vrai. Il ne faudrait pas croire cependant que ce style soit tout à fait inutile; il peut offrir de grandes ressources dans la musique sacrée. C'est dans le style rigoureux qu'on peut trouver des effets d'harmonie purs et célestes, infiniment préférables au luxe instrumental et théatral qui s'est introduit dans nos temples. Il n'est pas toujours nécessaire d'accompagner le plain chant; mais lorsqu'on veut l'accompagner, l'harmonie doit être conçue dans toute la sévérité du style. Que les élèves s'exercent quelque temps dans le style rigoureux, ils apprendront à écrire purement pour les voix, à moduler sagement, à tirer grand parti des accords consonnans, et à employer les dissonnances avec plus de retenue, et de connaissance de cause.

Parmi les règles sans nombre que les anciens ont données sur le style rigoureux, il en est de trop minutieuses, et qui supposent des élèves qui n'ont pas la moindre notion d'harmonie; comme il ne s'a-git pas ici des premiers élémens de l'art musical, mais seulement de ce qui distingue le style rigoureux du style libre, nous allons examiner en détail les points capitaux qu'il importe de connaître pour réussir dans ce genre de composition; les voici:

1° De la manière d'écrire pour chaque voix isolément prise: De l'étendue des différens genres de voix, et des accords sur lesquels on peut faire entrer ou sortir les parties;

2" Des intervalles qu'on doit employer dans les chœurs à deux parties;

3° Des accords dont on peut faire usage dans ce style;

4° De la manière d'employer les notes accidentelles (c'est à dire celles qui ne comptent pas dans les accords) et de quelle espèce sont ces notes;

5° Du système de modulation reçu dans le style rigoureux;

6° Enfin, des mesures propres à ce style, du mouvement de ces mesures, des valeurs de notes et des tons les plus en usage.

Nous allons discuter chaque point en particulier, en faisant observer une fois pour toutes: 1°. que l'intérêt du style rigoureux est purement HARMONIQUE, qu'on ne doit y chercher ni MÉLODIE PRÉDO-MINANTE, ni SYMÉTRIE, ni RHYTME RÉGULIER. 2°. Que ce style est exclusivement consacré à la musique d'Eglise, exécutée par des voix et accompagnée tout au plus par l'orgue. 3°. Enfin, que mal-gré les effets grands et imposans que l'on trouve quelquefois dans le style rigoureux, ce style est, et restera toujours très vague; cet inconvénient auquel il n'y a pas de remède, (sans détruire ce style), est le plus fort qu'on puisse lui reprocher.

1. DES DIFFÉRENS GENRES DE VOIX, DE LEUR ÉTENDUE, ET DE LA MANIÈRE DE LES TRAITER ISOLÉMENT DANS LES CHŒURS.

On ne fait usage dans les chœurs que des quatre genres principaux de voix dont le tableau suit :

    1°. SOPRANO ou DESSUS .   2°. CONTR'ALTO ou simplement ALTO.

    3°. TENORE, TENOR ou TAILLE .   4°. BASSO ou BASSE TAILLE .

Les deux genres mixtes de voix, appelés HAUTE CONTRE,(1) et BARITON ou CONCORDANT,(2) sont généralement exclus des chœurs du style rigoureux.

Voici l'étendue de ces quatre voix, qu'on ne doit pas surpasser dans le style rigoureux.

On voit par le tableau ci dessus, que l'étendue du Soprano est égale à celle du Tenor, (à la distance d'une octave) comme l'étendue de l'Alto est égale à celle de la basse, (également à la distance d'une octave.)

Il faut faire chanter ces voix dans leur medium, rarement dans leur notes extremes; et lorsqu'on y est forcé, ne le faire que très passagerement .

Anciennement on pouvait écrire pour les voix un ton entier plus haut que nous ne le faisons aujourd'hui, par la raison que le diapason musical était alors un ton plus bas; par exemple, le LA de l'ancien diapason, n'était guère plus haut que notre SOL actuel .

Les chanteurs, surtout ceux qui chantent dans les chœurs, n'étant pas toujours surs de l'intonation, le compositeur doit prendre des précautions pour les mettre à leur aise; c'est par cette raison que l'on prescrit pour les voix des SUCCESSIONS NATURELLES ET CHANTANTES, et que l'on défend celles qui sont difficiles à exécuter. On peut faire usage de toutes les successions suivantes, en écrivant pour les voix de quelque genre qu'elles soient :

On proscrit généralement dans le style rigoureux les successions suivantes, tant en montant qu'en descendant :

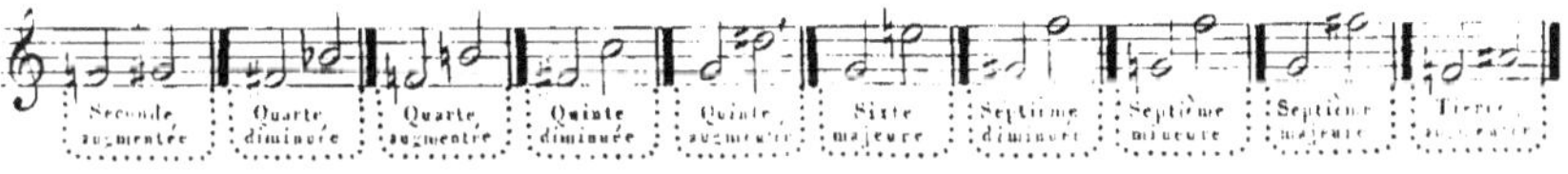

Les trois successions suivantes sont cependant susceptibles d'une exception conditionnelle:

---

(1) Sorte de voix d'homme qui tient le milieu entre le Tenor et l'alto, et seulement en usage en France .

(2) Sorte de voix d'homme qui tient le milieu entre le Tenor et la Basse .

On peut employer 1.° La quarte augmentée passagèrement en montant, comme dans les progressions suivantes:

2.° La sixte majeure, surtout en montant, lorsque les deux notes appartiennent au même accord:

3.° La septième diminuée, surtout en descendant, et seulement dans le mode mineur:

On évite dans le style rigoureux qu'une partie quelconque saute souvent, ou qu'elle parcoure de suite et en peu de temps une grande étendue de son diapason. Il faut que les parties procèdent naturellement, et sans effort, le plus souvent diatoniquement. C'est par cette raison qu'on doit éviter autant que possible de les faire chanter chromatiquement soit en montant soit en descendant. On ne peut cependant pas exclure une suite de trois ou quatre demi tons, amenés naturellement.

Toute partie doit entrer sous un accord consonnant qui, dailleurs, peut avoir une note suspendue (la note fondamentale ou sa tierce); dans ce dernier cas, il est bon que la partie entrante fasse consonnance, autant que possible, avec les autres parties:

Quand on fait compter une partie dans le courant du morceau, on l'arrête toujours sur un accord parfait, qu'il y ait suspension ou non:

2. DE L'HARMONIE A DEUX PARTIES DANS LE STYLE RIGOUREUX.

L'harmonie à deux parties du style rigoureux est sans doute la plus claire, et la moins compliquée, mais elle est en même temps la plus délicate. Nous allons la discuter en particulier, par cette raison, et parcequ'elle est en même temps la clef de l'harmonie à plus de deux parties dans ce style.

L'harmonie à deux parties est plutôt une combinaison d'intervalles que d'accords, quoiqu'on se représente plus ou moins ces derniers en employant les intervalles dans l'harmonie à deux.

Le style rigoureux est BASÉ SUR LES CONSONNANCES; c'est là la règle fondamentale de ce style, qui n'empêche pas toutefois d'y employer les intervalles dissonnans, ainsi que nous le verrons.

De tous les intervalles consonnans, la quarte juste seule doit être traitée en dissonnance. On emploie très fréquemment dans l'harmonie à deux

1°. La Tierce majeure et la Tierce mineure ;

2°. La Sixte majeure et la Sixte mineure .

La Quinte parfaite s'emploie beaucoup moins. Il faut éviter de faire deux quintes de suite, même par mouvement contraire .

L'Octave s'emploie encore plus rarement, et il faut éviter d'en faire deux de suite, même par mouvement contraire .

L'unisson ne doit se pratiquer que le plus rarement possible dans l'harmonie à deux; on peut cependant en faire usage en commençant et en finissant une phrase, ou pour préparer une dissonnance .

Règle fondamentale pour employer les intervalles dissonnans
dans le style rigoureux, surtout à deux parties .

On ne peut faire usage des intervalles dissonnans, ainsi que de la quarte juste, que

1°. Comme NOTES DE PASSAGE, placées sur le temps faible de la mesure et entre deux consonnances .

2°. Comme SUSPENSION, qui retarde une consonnance, (la tierce ou la sixte,) sur laquelle il faut qu'elle se résolve en descendant d'un degré .

La suspension sera toujours rigoureusement préparée, et frappée sur le temps fort de la mesure .

Une dissonnance ne peut se résoudre sur une autre dissonnance: ainsi l'exemple suivant est vicieux dans le style rigoureux, quoiqu'il soit toléré et même souvent employé dans le style libre :

On peut envisager comme exception à cette règle les quatre cas suivans, qu'on emploie de nos jours :

Nous donnerons le morceau suivant, comme exemple d'harmonie à deux parties dans le style rigoureux. Nous indiquerons par les chiffres, tous les intervalles dissonnans ainsi que leur résolution. Les chiffres représentant les dissonnances sont 2, 4, 5, 7 et 9 .

DUO DANS LE STYLE RIGOUREUX,

Chanté alternativement en chœur par les Basses-Tailles et les Tenors,

et par les Altos et les Soprans.

Lento. ♩ = 88. M.

Soprans.

Altos.

Tenors.

Basses.

* Il y a des cas où 2 notes de passage peuvent se faire de suite, comme dans cette mesure, où le Si et La (renfermés entre ?? et Si) sont 2 notes de passage.

On peut faire des chœurs à deux parties:

1°. Pour deux SOPRANOS; 2°. Pour deux TENORS; 3°. Pour deux BASSES;

(On n'en fait pas pour deux Altos à cause de la rareté de ces voix.)

4°. Pour ALTO et SOPRANO; 5°. Pour ALTO et TENOR; 6°. Pour ALTO et BASSE;

7°. Pour SOPRANO et TENOR; 8°. Pour TENOR et BASSE.

On ne doit pas faire de chœurs à deux parties pour Soprano et Basse, à cause de la grande dif_férence qui existe entre ces deux sortes de voix: Cette combinaison serait ridicule.

3. DES ACCORDS USITÉS DANS LE STYLE RIGOUREUX.

Pour la clarté de cet article, nous insererons ici la classification des accords que nous avons donné à la tête de notre Cours d'harmonie pratique. Nous présenterons ici les accords tels qu'ils se trouvent dans un seul ton majeur ou mineur.

Classification de tous les accords dans le système moderne.

Les quatre derniers ne peuvent pas s'obtenir sans altérer une note du ton (ou de la gamme) où l'on désire les employer.

C'est un fait historique que les accords N.º 5, 6, 7, 8, 9, 10, 11, 12 et 13 de cette classification n'étaient pas connus avant le 18.º siècle. (1) L'orgue, le seul instrument que les anciens aient eu à leur disposition pour soutenir les voix, et les maintenir dans le ton, était alors si mal accordé, (car le tempérament des instrumens à toucher était inconnu) qu'il ne leur était pas possible de terminer un morceau (ni même une phrase) avec l'accord parfait mineur. Il eût donc été impossible à nos devanciers, de mettre en pratique les accords ci dessus mentionnés, même en supposant qu'ils les eussent connus, parceque pour pouvoir les rendre exactement avec des voix, il eût fallu les faire entendre par des instrumens bien accordés; (2) car jamais les chanteurs ne pourront rendre avec pureté un accord dissonnant, s'ils ne l'ont bien dans l'oreille après l'avoir entendu mainte fois bien exécuté par les instrumens.

---

(1) On les a successivement découverts depuis cette époque; il est même très vraisemblable que la septième domi_nante n'était pas bien connue des anciens car, avant cette époque, ils traitaient comme suspension la quatrième note de cet accord.

(2) Ce qui était impossible, eu égard à la grande imperfection des instrumens alors en usage.

Les anciens, en nous transmettant leur style rigoureux, n'ont pu nous donner avec ce style, ce qu'ils ne possédaient pas eux mêmes : or, les seuls accords dont ils faisaient usage étaient

1.° l'accord PARFAIT MAJEUR; 2.° L'accord PARFAIT MINEUR; 3.° L'accord DIMINUÉ;

4.° La SEPTIÈME DOMINANTE, en préparant toujours la quatrième note, ou en l'employant comme note de passage sur le temps faible de la mesure; on pouvait encore la frapper sans préparation, lorsqu'on employait l'accord sans sa basse fondamentale.

Depuis, on a enrichi le style rigoureux de plusieurs accords; en voici la nouvelle nomenclature :

1.° L'accord PARFAIT MAJEUR; 2.° L'accord PARFAIT MINEUR; 3.° L'accord DIMINUÉ;

4.° L'accord de SEPTIÈME DOMINANTE, en préparant toujours la note dissonnante;

5.° L'accord de SEPTIÈME avec la Tierce mineure, sur le second dégré du ton majeur, en préparant rigoureusement la Septième, quand elle n'est pas note de passage;

6.° L'accord de SEPTIÈME avec la Quinte diminuée, sur le second dégré du ton mineur, en préparant rigoureusement la Septième, quand elle n'est pas note de passage;

7.° L'accord de SEPTIÈME MAJEURE, sur le premier et sur le quatrième dégré du ton majeur, en préparant rigoureusement la septième, quand elle n'est pas note de passage. Comme cet accord est très dissonnant, on s'en sert beaucoup plus rarement que des deux précédens;

8.° L'accord de NEUVIÈME MAJEURE, frappé sans sa basse fondamentale, en observant de mettre la cinquième note de cet accord dans la partie supérieure et de la préparer. Cet accord ne s'emploie que dans le ton majeur.

9.° L'accord de SEPTIÈME DIMINUÉE, (c'est à dire l'accord de Neuvième mineure frappé sans sa basse fondamentale); on en prépare la Septième et souvent aussi la Quinte diminuée. On ne doit l'employer dans le style rigoureux, que dans le ton mineur;

10.° L'accord de SIXTE AUGMENTÉE, en supprimant la quinte, et en retardant la Sixte par la Septième, par exemple :

On ne doit l'employer dans ce style, que dans le ton mineur.

Règle générale.

Pour adoucir les accords N.° 5, 6, 7, 8 et 9, il faut simplement supprimer la quinte dans chacun d'eux, en préparant toujours rigoureusement la note dissonnante. Ainsi donc, on peut les pratiquer ainsi qu'il suit :

Les accords N.° 5 et N.° 6, semblent à la vue n'être qu'un même accord, mais la différence qui existe entre le mode majeur et le mode mineur, fait supposer dans le premier la quinte parfaite, et dans le second la quinte diminuée.

/ 55 (1)

Règle générale sur l'emploi de la quarte juste, entre
la basse et une partie haute quelconque.

La QUARTE juste entre la basse et une partie haute quelconque, doit toujours être traitée en dissonnance dans le style rigoureux. On peut l'employer des deux manières suivantes :

1.º en la préparant et lorsqu'elle est accompagnée d'une SECONDE ou d'une QUINTE; dans le premier cas, les deux notes qui donnent Quarte, sont presque toujours intégrantes de l'accord; dans le second cas au contraire, la note qui donne Quarte avec la basse, est une suspension, par conséquent note étrangère à l'accord.

Quand la quarte est accompagnée d'une seconde, la basse doit se résoudre en descendant; Quand elle est accompagnée d'une quinte, la partie, qui fait quarte avec la basse, doit se résoudre en descendant.

2º En l'employant comme note de passage, frappée sur le temps faible de la mesure, par exemple:

(la + indique la note de passage.)

On peut établir comme règle générale : que la quarte juste accompagnée seulement de la sixte, doit être proscrite dans le style rigoureux; Il n'y a que les deux exeptions suivantes :

1.º lorsque la Sixte quarte est placée dans le courant d'une pédale;

2.º dans la formule de cadence finale suivante, ou Palestrina lui même l'a souvent employée :

Quant à la quarte augmentée, employée entre la basse et une partie haute quelconque, on peut la frapper, avec ou sans préparation, sur le temps fort ou sur le temps faible de la mesure, (1) mais il faut qu'elle soit accompagnée d'une sixte, lorsqu'elle n'est pas préparée. Quand elle est préparée, on l'accompagne indistinctement avec une seconde, ou avec une sixte :

___

(1) La quarte augmentée, et son renversement la quinte diminuée, sont les seules dissonnances qu'on puisse employer sans préparation dans le style rigoureux; il faut observer d'ailleurs que la première doit être accompagnée d'une sixte majeure, et la seconde d'une tierce mineure.

De l'emploi dans le style rigoureux des deux accords parfaits
de l'accord diminué et de l'accord de septième dominante.

On peut employer les accords parfaits sans renversement, ou dans leur premier renversement, mais jamais dans leur second, à cause de la quarte juste, que la basse y fait avec l'une des parties hautes. Nous avons indiqué ci-dessus les deux exceptions à cette règle. Ainsi, tous les accords parfaits dont on fait usage dans le style rigoureux, sont chiffrés ou d'un 5, quand ils sont sans renversement, ou d'un 6, lorsqu'ils sont dans leur premier renversement :

L'accord diminué suit la même règle que les accords parfaits, mais comme cet accord est dissonnant, il est plus ou moins assujetti à une sorte de résolution. On l'emploie particulièrement sur le second dégré du ton mineur. Il peut avoir les résolutions suivantes :

Dans le N.º 6, l'accord diminué participe du ton d'Ut et du ton de La; il sert pour passer de l'un à l'autre. On voit par les exemples qu'il n'a pas besoin de préparation.

L'accord de septième dominante, Sol, Si, Ré, Fa, dont on fait usage dans les deux modes, exige des remarques particulières: dans l'origine on employait cet accord toujours incomplettement, on en supprimait soit la note fondamentale (Sol,) soit la quinte (Ré,) en sorte qu'il paraissait sous les deux formes suivantes :

Sous la première, on le confondait toujours avec l'accord diminué; (ce qui de nos jours arrive encore à beaucoup de personnes.) Sous la seconde, on exige toujours que la note Fa, (la septième) soit préparée. Les anciens envisageaient et traitaient la septième de cet accord, comme suspension qui se résout aussi bien sur la sixte que sur la tierce :

Pour ne pas porter la rigueur jusqu'à la pedánterie, faute dans laquelle les anciens sont souvent tombés, nous ne défendrons pas d'employer la septième dominante avec ses quatre notes-si ce n'est dans son second renversement, par rapport à la quarte juste (Ré, Sol) que la basse y ferait avec une partie haute.

Règle générale sur l'emploi de la septième dominante, dans le style rigoureux.

L'accord de septième dominante peut s'employer sans renversement, et dans ses trois renversemens, sous les conditions suivantes :

1°. Lorsqu'on frappe cet accord avec sa basse fondamentale, il faut en préparer la septième; ainsi dans Sol Si Ré Fa, on prépare le Fa. Dans ce cas on peut chiffrer l'accord avec 7, ou avec $^6_5$, ou bien encore avec 2, ou $^4_2$, selon le renversement :

Le FA, dans cet accord, peut se frapper sans préparation, lorsqu'il est NOTE DE PASSAGE; dans ce cas il tombe sur le temps faible de la mesure, par exemple :

2°. Lorsque cet accord est dans son second renversement, (le Ré à la basse,) on en supprime toujours la note fondamentale; alors on peut frapper le Fa sans préparation, et doubler le Ré ou le Fa, par exemple :

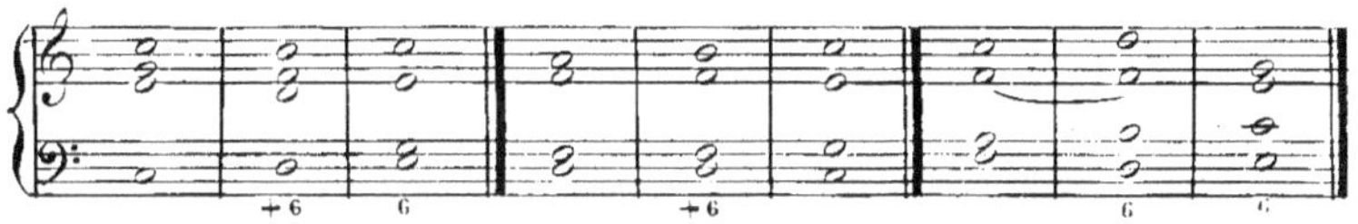

Dans ce dernier cas, on voit que la septième dominante frappée, sans note fondamentale, ressemble tout-à-fait à l'accord diminué. Il est très important de ne pas confondre ces deux accords; car les règles pour employer l'un et l'autre, sont très différentes. Pour mieux faire sentir cette différence, nous donnons ici un tableau comparatif de ces deux accords :

en La mineur.

1°. L'accord diminué Si, Ré, Fa, se résout sur la dominante de ce ton Mi, Sol♯, Si; ou sur la septième dominante Mi, Sol♯, Si, Ré, ou bien par exception, sur l'accord mineur La, Ut, Mi, renversé, par exemple :

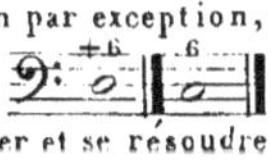

2°. La note SI peut se doubler et se résoudre tant en montant qu'en descendant.

3°. Le FA ne peut pas se mettre dans la basse, par analogie, avec les deux accords parfaits, qu'on n'emploie pas dans leur second renversement; mais ce FA peut avoir les trois résolutions suivantes :

en Ut, majeur ou mineur.

1°. La septième dominante frappée sans basse fondamentale Si, Ré, Fa, se résout toujours sur l'accord d'UT.

2°. La note SI ne peut se doubler et ne se résout qu'en montant d'un demi-ton.

3°. Le FA peut se mettre dans la basse aussi bien que dans les autres parties, et doit toujours se résoudre sur le MI.

Les partisans exclusifs de l'ancien style rigoureux, tel qu'on le pratiquait avant le 18.e siècle, peuvent s'en tenir à ces quatre accords: PARFAIT MAJEUR, PARFAIT MINEUR, DIMINUÉ et de SEPTIÈME DO-MINANTE.

Nous rappellerons à ceux qui voudront employer dans ce style, les six autres accords dont nous a-vons précédemment parlé:

1.° Que la note dissonnante dans un accord, doit toujours être rigoureusement préparée; excepté lors-qu'elle est note de passage, frappée sur le temps faible de la mesure;

2.° Que toute note dissonnante doit se résoudre régulierement en descendant d'un ton ou demi-ton, selon l'accord sur lequel se fait la résolution;

Il n'y a d'exception à cette règle que dans l'accord diminué, et dans celui de Septième dominante frappé sans sa basse fondamentale, où la Quinte diminuée n'a pas besoin de préparation; et ensuite dans l'ac-cord de Sixte augmentée, où la Sixte augmentée est retardée par la Septième, suivant l'exemple que nous a-vons ci-devant donné;

3.° Que deux accords dissonnans peuvent être frappés de suite. Mais il faut que la dissonnance du premier soit résolue régulierement en frappant le second; et que la dissonnance de celui-ci soit préparée par le précedent, Comme par exemple dans les successions suivantes:

Dans le style rigoureux, on ne doit pas faire de suite plus de deux accords dissonnans.

L'ancienne règle, de ne pas résoudre une dissonnance sur une autre, est applicable seulement à l'harmo-nie à deux parties. Quelques Théoriciens modernes l'ayant mal interprèté, ont cru devoir l'étendre à l'harmonie à plus de deux parties, ce qui ne doit pas se faire. En effet, dans l'harmonie à plus de deux parties, deux dissonnances frappées de suite, sont adoucies par les consonnances qui existent en même temps dans l'harmonie: Par exemple, la septième dominante (Sol, Si, Ré, Fa) étant frappée avec ces quatre notes, donne deux intervalles dissonnans, Sol-Fa et Si-Fa; mais en même temps on y entend quatre intervalles consonnans, qui sont, Sol-Si, Sol-Ré, Si-Ré et Ré-Fa.

Voici des exemples de l'emploi des six derniers accords de la nomenclature précédente:

1. Exemple sur la Septième avec Tierce mineure.

2°. Exemple sur la Septième avec Quinte diminuée.

3°. Exemple sur la Septième majeure.

Je ne conseille pas de l'employer dans son troisième renversement, elle y paraitrait trop dure.

4°. Ex: sur l'accord de 9ᵐᵉ majeure sans sa basse fondamentale.   5°. Ex: sur la Septième diminuée.

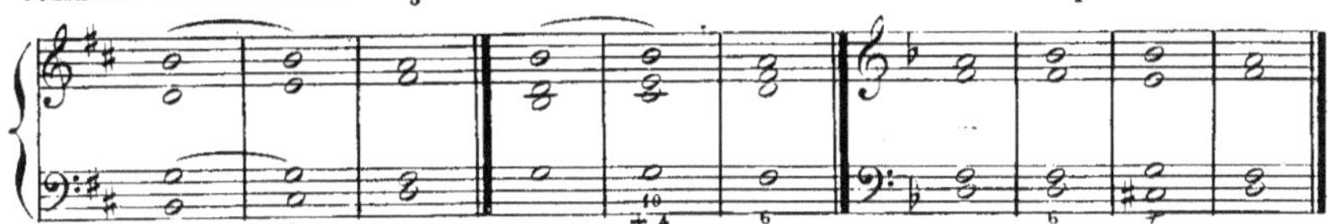

6°. Exemple sur la Sixte augmentée.

4. DES NOTES ACCIDENTELLES (C'EST A DIRE DE CELLES QUI SONT ÉTRANGÈRES AUX ACCORDS) DANS LE STYLE RIGOUREUX.

Nous avons divisé, dans notre cours d'harmonie pratique, les notes accidentelles en six espèces, savoir :

1°. En Notes de passage ;   2°. En Notes de goût ou Appogiatures ;

3°. En Syncopes ; 4°. En Suspensions ; 5°. En Pédales ; 6°. En Anticipations.

De ces six espèces il n'en faut généralement employer que deux dans le style rigoureux, savoir :

1°. Les Notes de passage ;   2°. Les Suspensions.

Quant à la Pédale, on n'en fait usage que dans les Fugues vocales, comme nous le verrons. Elle ne peut jamais servir à accompagner le plain chant.

1°. Des notes de passage.

On ne peut jamais attaquer un accord avec une note de passage, n'importe la partie où cette note se trouve.

Une pause (Quelle que soit sa valeur) ne doit jamais précéder, ni suivre immédiatement une note de passage.

Une note de passage ne peut jamais tomber par dégrés disjoints sur une autre note. Elle doit toujours se lier à la note suivante en montant ou en descendant d'une seconde majeure ou mineure, selon le cas. Elle doit tomber autant que possible sur le temps faible de la mesure, c'est à dire sur les temps marqués d'une (+) dans les mesures suivantes:

Il y a quelques exceptions à la dernière règle. (Page 20) c'est à dire qu'on peut de tems en tems frapper une note de passage sur le temps fort de la mesure, et même faire deux notes de passage de suite, comme dans les 3 exemples suivans :

Les deux notes marquées d'une croix (sur un temps fort de la mesure,) ne peuvent avoir lieu que lorsqu'elles font partie d'une gamme accompagnée toute entière par un seul accord.

Les notes de passage marquées d'une (+) et tombant sur des temps forts de la mesure, doivent se trouver entre deux consonnances ou, pour mieux dire, entre deux notes réelles, c'est à dire comptant dans l'accord. Quand on fait deux notes de passage de suite, il faut qu'elles se trouvent également ENTRE DEUX NOTES RÉELLES, par exemple :

Les gammes chromatiques, entières ou partielles, ne sont pas admises dans le style rigoureux. Cependant, les dessins suivans, où l'on fait deux et trois demi-tons de suite, peuvent se pratiquer :

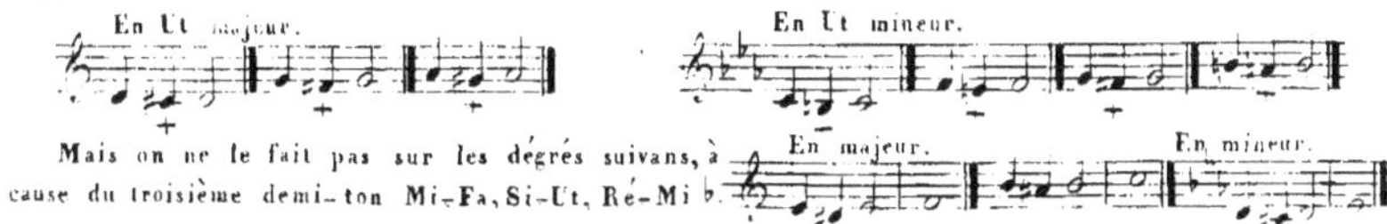

On ne pourrait employer l'exemple suivant, étant en Ut majeur, parceque le La♭ et le Ré♭ contrarieraient ce ton et le défigureraient, ce qu'il faut éviter dans le style rigoureux, ainsi que tout ce qui est maniéré(1) :

---

(1) En général, il faut éviter d'altérer les notes du ton dans lequel on se trouve. On peut cependant fleurir, de la manière suivante, les deuxième, cinquième et sixième notes du ton dans le mode majeur; et les première, quatrième 5.ème et 7.ème notes du ton dans le mode mineur :

Mais on ne le fait pas sur les dégrés suivans, à cause du troisième demi-ton Mi-Fa, Si-Ut, Ré-Mi♭.

Dans le cas des trois derniers exemples, on ne pourrait même fleurir le Mi par le Ré♯, le Si par le La♯, et le Ré par l'Ut♯, quand même ils ne seraient pas suivis d'un troisième demi ton, par la raison que l'oreille sous-entend dans ces derniers, comme faisant partie de la gamme.

Cet exemple serait très bon en fa mineur.

Par la même raison, les phrases suivantes, composées de quatre demi-tons,
ne peuvent s'employer dans ce style:

Pour les approprier au style rigoureux, il faut
en diminuer les demi-tons de la manière suivante:

Deux, trois, et même quatre parties, peuvent faire des notes de passage en même temps, en observant la
règle suivante: Il faut éviter les quintes et les octaves suspendues, faire tomber les parties (qui font les notes
de passage) sur les consonnances ou sur les notes réelles des accords, en faisant leur résolution sur les temps
forts de la mesure, par exemple:

Chant ferme dans le ton phrygien.(1)

(1) Ce chant est ici transposé d'un ton plus haut. Pour faire mieux ressortir ce chant, on peut doubler le dessus à l'octave supérieure par une flûte. Le chant phrygien étant en MI mineur, mais sans dièze à la clef, sa transposition en Fa# exige par conséquent ce dièze à la clef.

Il faut éviter de faire tourner les notes de passage autour de l'unisson comme par exemple :

On peut cependant employer les notes de passage comme il suit; parce qu'après la 1.re note de passage on ne revient plus sur l'unisson :

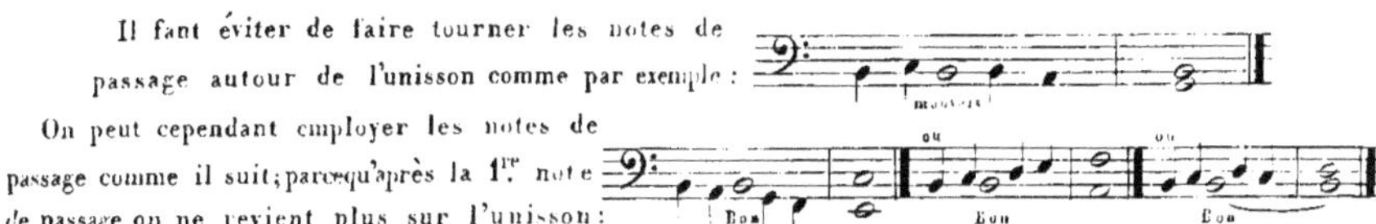

2.° Des Suspensions.

Les suspensions sont le plus bel ornement du style rigoureux; mais il n'y a que peu d'accords qui puissent les recevoir dans ce style.

Dans le principe, on ne faisait usage que des accords parfaits, par la raison que les accords dissonnans n'étaient pas connus. On sentit, par la suite, la nécessité d'ajouter aux consonnances quelques dissonnances accidentelles. Voilà l'origine des notes de passage et des suspensions. Depuis encore, on a découvert et introduit dans la musique moderne, (le style libre) non seulement beaucoup d'accords dissonnans, mais encore beaucoup d'autres notes accidentelles, comme les notes de goût, les anticipations, la pédale et les syncopes. Mais comme on a enrichi le style rigoureux de six ou sept accords dissonnans, il en résulte 1.° qu'on peut y varier suffisamment les accords consonnans par les notes de passage, par les suspensions et par les accords dissonnans; 2.° Que ces derniers, étant dissonnans par eux-mêmes, n'ont pas besoin d'être suspendus. C'est ce qui a donné lieu à la règle suivante :

Règle générale.

Les accords dissonnans, tels que la septième avec tierce mineure, la septième avec quinte diminuée, la septième majeure, la neuvième majeure, la septième diminuée, ne peuvent recevoir de suspensions dans le style rigoureux, attendu que ces accords sont suffisamment dissonnans par eux-mêmes, et qu'en les altérant par des suspensions, on compliquerait et multiplierait trop les dissonnances; ce qui est contraire à la nature du style rigoureux.

Les accords, dans lesquels on peut suspendre une note, sont

1.° L'accord parfait majeur; 2.° L'accord parfait mineur. 3.° L'accord diminué;

4.° La Septième dominante; 5.° L'accord de sixte augmentée.

Dans les accords parfaits on suspend soit la note fondamentale, soit la tierce de l'accord; ainsi dans l'accord (Ut–Mi–Sol), majeur ou mineur, on suspend l'Ut par le Ré, ou le Mi par le Fa. La suspension peut avoir lieu dans une partie quelconque. Voici des exemples :

Dans l'accord diminué, Si-Ré-Fa, on ne suspend que le Si par l'Ut, n'importe dans quelle partie :
En La mineur.

Dans la septième dominante, frappée avec ou sans la basse fondamentale, on ne suspend que la tierce (la note sensible) par la quarte, dans quelque partie que ce soit :

En Ut, majeur ou mineur.

Dans l'exemple (C), on emploie rarement la Septième dominante avec sa note fondamentale Sol; mais on fait très souvent comme il suit :

Nous avons déjà dit plusieurs fois, qu'on ne suspend dans l'accord de Sixte augmentée que la Sixte par la Septième, par exemple :

en La mineur.

En accompagnant les suspensions par des notes de passage, on se rappellera la règle que nous avons donné à ce sujet dans notre cours d'harmonie pratique, qui est : de ne pas frapper simultanément une note de passage avec la PRÉPARATION, la SUSPENSION et la RÉSOLUTION. Au surplus, voici un exemple sur les suspensions accompagnées par des notes de passage dans le style rigoureux. Les suspensions y sont marquées d'une +.

* Ce morceau devait être composé en Ré mineur, mais sans bémol à la clef: sa transposition en UT mineur n'exige par conséquent que deux Bémols.

Le chant ferme (Plain-chant) mis ainsi dans une partie intermédiaire, ne peut ressortir d'une manière saillante; il se confond dans la masse d'harmonie, et ne produit d'autre effet, que celui d'une partie de remplissage; mais il existe un très bon moyen de faire valoir le plain chant dans ce cas; c'est de le fortifier, et le doubler par quelques autres parties, et par des instrumens à vent dont les timbres aient des rapports intimes avec la voix humaine. Ces instrumens seraient par exemple: des Hautbois, des Cors, des Clarinettes, des Bassons.

Dans le style rigoureux, la préparation de toute dissonnance doit avoir au moins une valeur égale à celle de la dissonnance même..

Quant aux doubles suspensions, nous conseillons de n'en pas faire usage dans ce style, à cause de la complication des dissonnances.

N.B. Les parties peuvent se croiser, mais il faut observer, lorsqu'une partie descend au dessous de la basse, que cette partie fasse bonne basse. Il faut se garder dans ce cas, de traiter la basse-taille en partie intermédiaire; ces deux parties devant faire également bonne basse de l'harmonie. Au reste nous reviendrons sur cette règle à l'article sur la fugue.

5. DES MODULATIONS DANS LE STYLE RIGOUREUX.

Le système des tons relatifs est le seul qui puisse convenir au style rigoureux. Nous rappellerons ici la nomenclature des relatifs d'un ton principal:

Chaque ton a cinq relatifs.

	Ton majeur.		Ton mineur.
Les cinq tons relatifs d'Ut majeur.	Ut majeur ♮ ton principal	Les cinq tons relatifs de La mineur.	La mineur ♮ ton principal
	Re mineur ♭		Ut majeur ♮
	Mi mineur ♯		Re mineur ♭
	Fa majeur ♭		Mi mineur ♯
	Sol majeur ♯		Fa majeur ♭
	La mineur ♮		Sol majeur ♯

Remarquons ici que chaque ton relatif ne diffère que d'un accident de son ton principal, en observant toutes fois que la différence d'un ♯ (Ton de Sol) a un ♭ (Ton de Fa) est de deux accidens.

Comme il est facile de moduler avec les tons relatifs, et que de plus nous en avons parlé dans notre cours d'harmonie pratique, il serait superflu de donner ici de nouveaux développemens sur ce genre de modulation. Au reste, la plus grande partie des fugues vocales contenues dans ce traité, sont modulées d'après ce système.

6. DES MESURES, DES MOUVEMENS DE MESURE, DES VALEURS DE NOTES, ET DES TONS DONT ON PEUT FAIRE USAGE DANS LE STYLE RIGOUREUX.

La variété est l'ame de la musique, cette vérité semble avoir été ignorée des anciens, car ils ont toujours suivi une seule et même route; toute leur musique est composée presque dans la même mesure, (la mesure simple ou double à quatre temps), dans le même mouvement de mesure, avec trois ou quatre valeurs de notes seulement, (des Rondes, des Blanches, des Noires, très rarement des croches) et presque toujours dans le même ton. Les partisans zélés de l'ancien style n'y ont rien changé, et composent encore (même de nos jours) d'après le même système.

Le genre sévère, comme tous les genres possibles, n'exclut pas la variété; ainsi on peut composer la musique d'église dans le style rigoureux, en faisant usage de toutes les mesures usitées de nos jours, de tous les tons praticables, et de toutes sortes de valeurs de notes. Il faut pour cela observer les conditions suivantes:

Les mouvemens modérés et lents, étant ceux qui conviennent mieux au genre religieux, il faut marquer exactement le mouvement de chaque morceau, d'après le métronome. Avec cette précaution, on peut faire des CANTABILE, des LARGO, des ANDANTE dans toutes les mesures en usage; c'est à dire à $\frac{3}{8}$, $\frac{3}{4}$, $\frac{9}{8}$, $\frac{12}{8}$, $\frac{2}{4}$, $\frac{3}{2}$, $\frac{6}{4}$, et dans les mesures simples et doubles à quatre temps. Il est évident qu'on peut faire usage de croches, et même de doubles croches, selon le mouvement de la mesure, attendu que dans nos ADAGIO et LARGO les croches, et même les doubles croches ne marchent pas ordinairement plus vite que les blanches et les noires dans la musique des anciens.

Il y a des cas, où l'on peut même se passer de mesure; c'est lorsque tout le chœur fait les mêmes valeurs de notes, en plaquant simplement les accords. Il faut séparer (par une barre de mesure) les différentes phrases dont le chant se compose, en consultant le sens des paroles.

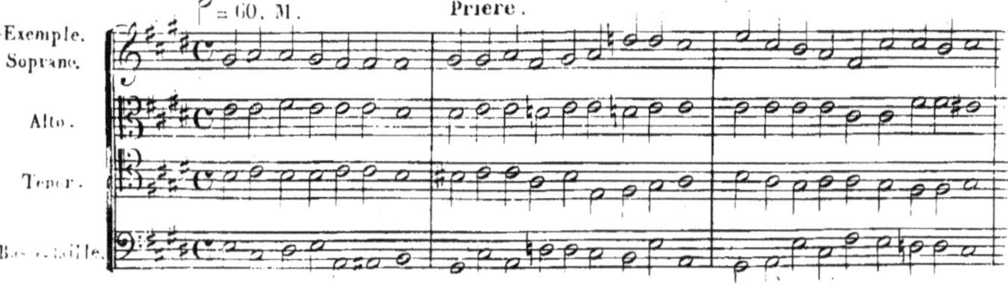

Dans le style rigoureux, l'intérêt étant presqu'entièrement harmonique, on peut tenter d'y introduire de nouvelles mesures dont nous avons tant besoin, comme la mesure à $\frac{5}{2}$ et son composé $\frac{5}{4}$.

Exemple à $\frac{5}{2}$.

lentement. (1) $\wp$ = 66. M.

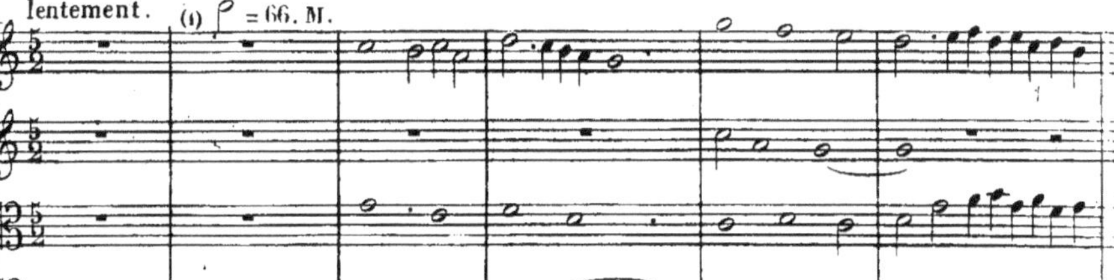

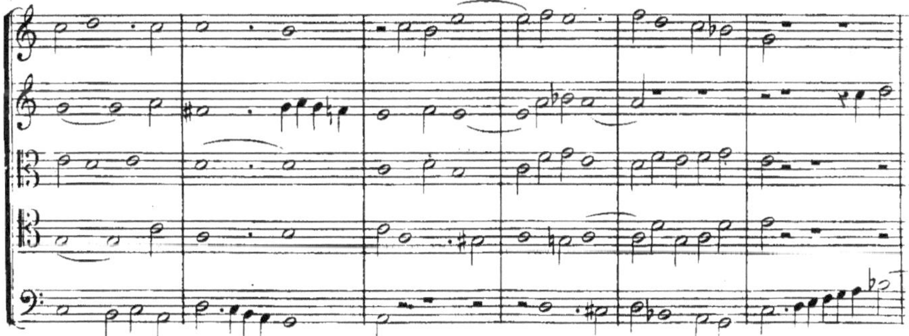

(1) Il faut diviser cette mesure en deux parties inégales, dont la première contient trois temps, et la seconde deux. On peut placer des suspensions sur le premier ou sur le second temps, et ensuite sur le quatrième. Les résolutions se feront sur le second, ou sur le troisième et cinquième temps. On trouvera dans ce morceau, les suspensions employées d'après cette règle.

Il est inutile de dire ici qu'on peut employer dans le style rigoureux tous les tons praticables de nos jours. Tout le monde sent parfaitement qu'il n'y a pas de raison pour écrire dans ce style plutôt dans un ton que dans un autre.

Nous avons donné un tableau (page 15) qui montre de combien de manières on peut combiner les genres de voix dans l'harmonie à deux parties; voici deux autres tableaux: l'un pour l'harmonie à trois et l'autre pour l'harmonie à quatre parties.

A trois parties.

On peut faire des chœurs à trois parties:

Pour deux Sopranos et un Ténor.	Pour deux Basses et un Ténor.
Pour deux Sopranos et une Basse.	Pour deux Basses et un Alto.
Pour deux Sopranos et un Alto.	Pour deux Basses et un Soprano.
Pour deux Altos et un Soprano.	Pour Soprano Alto et Ténor.
Pour deux Altos et un Ténor.	Pour Soprano Ténor et Basse.
Pour deux Altos et une Basse.	Pour Soprano Alto et Basse.
Pour deux Ténors et un Soprano.	Pour Alto Ténor et Basse.
Pour deux Ténors et un Alto.	Pour trois Sopranos.
Pour deux Ténors et une Basse.	Pour trois Ténors.
	Pour trois Basses.

Les voix d'Alto étant rares, on ne fait pas de chœur pour trois Altos.

A quatre parties.

On peut faire des chœurs a quatre parties :

Pour trois Sopranos et un Alto.	Pour deux Tenors et deux Basses.
Pour trois Sopranos et un Tenor.	Pour deux Sopranos un Alto et une Basse.
Pour trois Sopranos et une Basse.	Pour deux Sopranos, un Alto et un Tenor.
Pour trois Tenors et un Soprano.	Pour deux Sopranos, un Tenor et une Basse.
Pour trois Tenors et un Alto.	Pour un Soprano, deux Altos et un Tenor.
Pour trois Tenors et une Basse.	Pour un Soprano, deux Altos et une Basse.
Pour trois Basses et un Soprano.	Pour un Soprano, deux Tenors et un Alto.
Pour trois Basses et un Alto.	Pour un Soprano, deux Tenors et une Basse.
Pour trois Basses et un Tenor.	Pour un Soprano, deux Basses et un Alto.
Pour deux Sopranos et deux Altos.	Pour un Soprano, deux Basses et un Tenor.
Pour deux Sopranos et deux Tenors.	Pour un Tenor, deux Altos et une Basse.
Pour deux Sopranos et deux Basses.	Pour un Alto, deux Tenors et une Basse.
Pour deux Altos et deux Tenors.	Pour un Alto, deux Basses et un Tenor.
Pour deux Altos et deux Basses.	

III.

DES CHŒURS DOUBLES.

Il arrive quelquefois que dans de grandes solemnités où le compositeur a un grand nombre de voix à sa disposition, il divise ces voix en deux chœurs. (1) Pour que ces deux chœurs ne semblent pas en faire un seul, il faut qu'ils soient placés à deux endroits différens, et suffisamment éloignés l'un de l'autre. Ces deux chœurs chantent alternativement en guise de dialogue; on les réunit fort rarement dans le courant du morceau, et cela seulement pendant une huitaine de mesure; mais on termine toujours le morceau par les deux chœurs réunis; ils peuvent alors être entendus ensemble un peu plus longtems.

On soutient les deux chœurs, ou par l'orgue placé entre les chœurs, (quand on n'a pas deux orgues à sa disposition) ou bien on soutient chaque chœur par des contrebasses et des violoncelles, auxquels on peut ajouter des bassons, quand les choristes sont nombreux.

Chacun de ces chœurs est ordinairement à quatre parties, rarement à cinq; on peut également en faire à trois et même à deux parties, comme nous le verrons plus tard. Il est évident que plus l'un des chœurs sera distinct de l'autre, plus le double chœur aura d'intérêt; la distance locale qui peut se trouver entre les deux, n'est qu'un très faible moyen pour les distinguer l'un de l'autre. Sous le rapport du genre et du nombre des voix, les doubles chœurs sont ordinairement egaux; l'un et l'autre sont à quatre parties, savoir, Soprano, Alto, Tenor et Basse. Pourquoi donc cette égalité constante entre les deux chœurs? Parceque cette manière est la plus commode, et usitée depuis longtems. Jettez donc plus de variété entre les deux chœurs, puisque les moyens en existent; le public vous en saura gré.

Voici les combinaisons les plus avantageuses pour rendre les doubles chœurs plus interressans :

Premier chœur.	Second chœur.
1º. Harmonie à deux, SOPRANO ET ALTO.	Harmonie à deux, TENOR ET BASSE.
2º. Harmonie à trois, DEUX SOPRANOS ET ALTO.	Harmonie à trois, DEUX TENORS ET BASSE.
3º. Harmonie à quatre, DEUX SOPRANOS ET DEUX ALTOS.	Harmonie à quatre, DEUX TENORS ET DEUX BASSES.
4º. Harmonie à quatre, TROIS SOPRANOS ET UN ALTO.	Harmonie à quatre, TROIS TENORS ET UNE BASSE.
5º. Harmonie à trois, DEUX SOPRANOS ET UN ALTO.	Harmonie à deux, TENOR ET BASSE.
6º. Harmonie à quatre, DEUX SOPRANOS ET DEUX ALTOS.	Harmonie à trois, DEUX TENORS ET UNE BASSE.
7º. Harmonie à deux, SOPRANO ET ALTO.	Harmonie à trois, DEUX TENORS ET UNE BASSE.
8º. Harmonie à trois, DEUX SOPRANOS ET UN ALTO.	Harmonie à quatre, DEUX TENORS ET DEUX BASSES.

---

(1) Les doubles chœurs sont très usités dans un grand nombre d'églises de l'italie.

Il n'y a pas de remarques particulières à faire sur tous ces chœurs lorsqu'ils chantent isolément, sinon qu'il faut observer les règles de l'harmonie sévère soit à deux, à trois ou à quatre parties. Mais, lorsque les deux chœurs sont réunis, ce qui arrive quelquefois dans le courant du morceau, et toujours à la fin, il y a des instructions importantes à donner sous le rapport de l'harmonie, et particulièrement sur la basse que chaque chœur doit avoir.

Règle générale.

En réunissant les deux chœurs, il faut que chacun ait une basse correcte, aussi bien que s'il chantait seul. Les deux chœurs peuvent avoir une basse commune, pourvu qu'elle soit exécutée par les deux chœurs. La basse d'un chœur ne peut servir de basse à l'autre, si ce dernier ne la chante en même temps, par la raison que si l'un des chœurs (étant à une certaine distance de l'autre) n'avait pas de basse à lui, (abstraction faite de la basse de l'autre chœur) il produirait mauvais effet sur les auditeurs placés près de lui, et sur les exécutans eux mêmes.

D'après cette règle, il existe les deux versions suivantes:

1°. Les deux chœurs peuvent avoir une basse commune; dans ce cas, il faut que cette basse soit exécutée par les deux chœurs en MÊME TEMPS.

2°. Chaque chœur peut avoir une basse particulière; dans ce cas, la masse d'harmonie qui résulte de la réunion des deux chœurs a deux basses différentes.

On sent que la seconde version n'est pas toujours facile à réaliser, surtout lorsque l'harmonie (dans cette réunion) devient à plus de quatre ou cinq parties réelles, dont la plus grave est la plus importante. L'harmonie des deux chœurs réunis ne peut être à moins de quatre parties, mais elle peut devenir jusqu'à huit parties réelles.

Voici des éclaircissemens indispensables sur la réunion de deux chœurs, et sur leur basse soit commune soit différente:

L'harmonie est à quatre, ou à cinq, ou à six, ou à sept, ou à huit parties réelles. Quand les deux chœurs sont semblables et composés chacun de Soprano, Alto, Tenor, et Basse, on peut, en les réunissant, les doubler seulement l'un par l'autre. Dans ce cas, la basse est commune et les deux chœurs réunis n'en font qu'un seul. Cette version est la plus ordinaire, la plus facile, mais en même temps la moins interressante.

Nous allons examiner en détail les huit différentes chances contenues au tableau précédent, (Page 29) sur la réunion des deux chœurs.

N.º 1.

Premier chœur.	Second chœur.
Harmonie à deux, SOPRANO ET ALTO.	Harmonie à deux, TENOR ET BASSE.

En réunissant les deux chœurs, l'Alto fera toujours bonne basse contre le Soprano, ainsi que la Basse-taille à l'égard du Tenor et conséquemment à l'égard des deux autres parties. L'harmonie est à quatre parties réelles.

Lorsqu'il y a deux basses différentes, la plus grave est la plus importante : c'est sur elle que repose toute la masse d'harmonie; par cette raison, c'est elle qu'il faut le plus soigner. Un chœur à trois (chanté seul) doit être plus riche d'harmonie que lorsqu'il est accompagné par un autre chœur; dans ce dernier cas, l'un doit faire des sacrifices à l'autre, pour que l'effet général soit satisfaisant. Il est évident que dans la réunion des deux chœurs, l'harmonie de chacun, pris isolément, n'a pas besoin d'être complette, pourvu qu'elle ait une bonne basse c'est tout ce qu'il faut.

N.º 2.

Premier chœur .	Second chœur.
Harmonie à trois, DEUX SOPRANOS ET UN ALTO.	Harmonie à trois, DEUX TENORS ET UNE BASSE.

Avant d'aller plus loin, il est important d'indiquer ici les trois propriétés de l'harmonie qui étaient inconnues des anciens.

Première propriété.

On peut doubler, non seulement à l'unisson, mais encore à l'octave, les parties d'une harmonie à deux et à trois; rarement de celle à quatre, par la raison que les parties sont trop rapprochées. Une harmonie à deux parties, (ainsi doublée) produit l'effet d'une sorte d'harmonie à quatre. Une harmonie à trois (ainsi doublée) produit l'effet d'une sorte d'harmonie à six; par exemple le trio suivant

Peut donner ce Sextuor :

Ce procédé est nonseulement conforme à la bonne et saine harmonie, il est encore susceptible des plus heureux effets, pourvu toute fois que l'harmonie soit conçue de manière qu'en la doublant de la sorte, il n'en résulte pas de successions de quintes défendues.

52

Seconde propriété.

La basse d'un duo, d'un trio ou d'un quatuor, peut se doubler à l'octave, et servir en même temps de basse à un autre duo, trio ou quatuor. Voici par exemple deux trios qui peuvent se chanter en même temps:

La basse de ces deux trios est commune, mais doublée à l'octave. Ce procédé est également bon, et peut servir utilement dans le cas où l'on a besoin d'une basse commune, doublée à l'octave; l'harmonie de ces deux trios n'est qu'à cinq parties réelles, mais elle produit l'effet d'une harmonie à six.

Troisième propriété.

Les parties, placées au dessus de la basse, peuvent être doublées à l'octave. Ainsi, dans un quatuor, on peut doubler à l'octave soit la partie supérieure, soit l'une des deux parties intermédiaires, soit deux des trois parties prises indistinctement, soit enfin les trois à la fois. C'est en usant de ce moyen, que de nos jours, en écrivant pour l'orchestre, ou imite:

Par une harmonie à deux, une harmonie à trois;

Par une harmonie à trois, une harmonie à quatre et à cinq, et

Par une harmonie à quatre, une harmonie à cinq, à six et à sept.

Revenons maintenant au double chœur N.° 2. La réunion de ces deux chœurs peut se faire des quatre manières suivantes:

1.° EN DOUBLANT A L'OCTAVE UN CHŒUR PAR L'AUTRE. Dans ce cas les deux chœurs auront u-ne basse commune, l'harmonie ne sera qu'à trois parties, mais elle produira l'effet d'une harmonie à six, parcequ'elle en aura toute la plénitude. (1)

2.° EN DONNANT AUX DEUX CHŒURS UNE BASSE COMMUNE, doublée à l'octave; les autres parties (les deux tenors et les deux sopranos) seront différentes; l'harmonie sera par conséquent à cinq parties réelles, et produira l'effet d'une harmonie a six.

3.° EN DONNANT A CHAQUE CHŒUR UNE BASSE PARTICULIÈRE. les autres parties (les deux sopranos et les deux tenors) seront également différentes; l'harmonie sera par conséquent à six parties réelles, par exemple:

/ 55 (1)

4°. EN DONNANT A CHAQUE CHŒUR UNE BASSE DIFFÉRENTE, mais en doublant à l'octave les deux ténors par les deux sopranos; l'harmonie sera à quatre parties réelles, et fera l'effet d'une harmonie à six; par exemple:

N.° 3.

Premier Chœur.   Second Chœur.

Harmonie à quatre, DEUX SOPRANOS ET DEUX ALTOS. | Harmonie à quatre, DEUX TENORS ET DEUX BASSES.

La réunion de ces deux chœurs peut avoir lieu des quatre manières suivantes:

1°. En doublant la basse à l'octave, les six autres parties seront différentes. L'harmonie réelle sera à sept. Exemple:

54

2°. En faisant deux basses différentes et en doublant à l'octave une partie, l'harmonie réelle sera à sept parties.

3°. En doublant à l'octave deux parties, l'harmonie sera à six parties réelles.

4°. En faisant huit parties différentes, l'harmonie sera alors à huit parties réelles, par exemple:

Pour faire deux basses différentes également bonnes, il faut employer le moyen suivant:

On invente d'abord la basse LA PLUS GRAVE, en chiffrant les accords qui doivent l'accompagner, par exem:

Ensuite on crée une autre basse sur celle-ci: selon les accords indiqués, on chiffre également cette seconde basse: Il est clair que ces deux basses doivent avoir leurs accords communs; par exemple:

Cela étant fait, on combine les parties sur les deux basses. Si l'on commençait par combiner d'abord les autres parties, avant d'établir la seconde basse, on éprouverait de grandes difficultés pour la trouver.

Z. 55 (1)

N.º 4.

Premier Choeur.		Second Choeur.

Harmonie à quatre, TROIS SOPRANOS ET UN ALTO. | Harmonie à quatre, TROIS TENORS ET UNE BASSE.

Pour reunir ces deux chœurs, on observera de même ce que nous avons indiqué pour la réunion des deux chœurs précédens N.º 3.

N°. 5.

Premier Choeur.		Second Choeur.

Harmonie à trois, DEUX SOPRANOS ET UN ALTO. | Harmonie à deux, TENOR ET BASSE.

Dans la réunion de ces deux chœurs, l'harmonie sera à cinq parties réelles et aura par conséquent deux basses différentes.

Exemple:

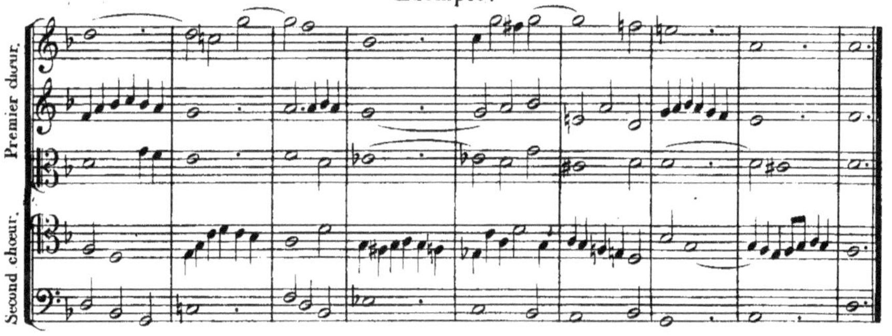

N.º 6.

Premier Choeur.		Second Choeur.

Harmonie à quatre, DEUX SOPRANOS ET DEUX ALTOS. | Harmonie à trois, DEUX TENORS ET UNE BASSE.

L'harmonie, dans la réunion de ces deux chœurs, peut être :

1.º A sept parties réelles, avec deux basses différentes.

2.º A six parties réelles, avec une basse commune, doublée à l'octave.

3.º A cinq parties réelles, avec deux basses différentes, en doublant à l'octave les deux Tenors par les deux Soprans.

4.º Elle peut même n'être qu'à quatre parties réelles, avec une basse commune, en doublant à l'octave les deux Tenors et la Basse taille.

N.º 7.

Premier Choeur.		Second Choeur.

Harmonie à deux, SOPRANO ET ALTO. | Harmonie à trois, DEUX TENORS ET UNE BASSE.

L'harmonie, dans la réunion de ces deux chœurs, sera à cinq parties réelles; par conséquent avec deux basses différentes comme dans le double chœur N.º 5.

N.º 8.

Premier Chœur.	Second Chœur.
Harmonie à trois, DEUX SOPRANOS ET UN ALTO.	Harmonie à quatre, DEUX TENORS ET DEUX BASSES.

L'Harmonie, en réunissant ces deux chœurs, sera :

1.º A sept parties réelles, par conséquent avec deux basses différentes.

2.º A six parties réelles, avec une basse commune, doublée à l'octave.

3.º A cinq parties réelles, avec deux basses différentes, en doublant à l'octave les deux Tenors par les deux Sopran,

4.º Où l'harmonie sera seulement à quatre parties réelles, avec une basse commune, en doublant à l'octave les deux tenors et la basse taille la plus grave, c'est à dire celle qui fait bonne basse à l'harmonie.

Lorsque les deux chœurs sont semblables (c'est à dire qu'ils sont composés l'un et l'autre de Soprano, Alto, Tenor et Basse) il est clair qu'en les réunissant l'harmonie peut être :

1.º A quatre parties; dans ce cas le premier chœur double simplement le second à l'unisson; c'est la manière la plus ordinairement employée de nos jours, comme nous l'avons remarqué.

2.º A sept parties réelles; dans ce cas l'un et l'autre chœur chantent la même basse.

3.º A huit parties réelles, chaque chœur a alors sa basse particulière, cette dernière version a été souvent pratiquée par les anciens; En voici un exemple :

L'harmonie de ce double chœur est faite sur les deux basses suivantes :

Il n'est pas difficile de faire deux basses en employant le procédé que nous avons indiqué plus haut. La basse la plus grave est la plus importante, c'est sur elle que repose l'édifice de l'harmonie par conséquent c'est elle qui doit faire toutes les cadences régulières et déterminer le repos final. La basse supérieure (celle qui se trouve au-dessus de la plus grave), n'est pas assujettie à cette règle lorsqu'elles marchent réunies; ainsi, il n'est pas nécessaire que la cadence finale se fasse avec les deux basses comme dans cet exemple: ainsi que les anciens l'ont toujours fait par excès de scrupule. Il suffit que la Basse la plus grave fasse la cadence régulière Ré Sol, l'autre basse peut terminer dans ce cas de l'une des trois manières suivantes:

On ne doit faire usage de la troisième version que rarement; elle est bonne dans les huit doubles chœurs que nous avons proposés, où les Altos font la basse régulière du premier chœur, Par exemple:

Nous avons dit que le style rigoureux était consacré à la musique d'Église, accompagnée seulement de l'orgue; en effet, avant le dix-huitième siècle on ne se servait que de cet instrument pour soutenir les voix, et les maintenir dans le ton. Dans le rite grec, les instrumens (même l'orgue) sont proscrits. Tout ce qu'on chante dans les temples où ce rite est en usage, s'exécute sans nul accompagnement. Les chanteurs d'église en Russie, ont une grande réputation par la manière dont ils chantent la musique avec pureté et exactitude, sans être soutenus par un instrument quelconque. Mais, comme les instrumens ont toujours été en usage dans les temples de presque tous les peuples civilisés tant modernes qu'anciens, il n'y a pas de raison de les exclure de nos cultes religieux. Les instrumens à vent sont surtout très propres à l'accompagnement du style rigoureux. Les instrumens à cordes (si l'on en excepte les contrebasses) produisent un effet mesquin dans un grand vaisseau.

Les instrumens dont on pourrait tirer un grand parti dans le style rigoureux, sont les suivans:

L'Orgue, les Bassons, les Contrebasses, (auxquelles on peut ajouter des Violoncelles) les Hautbois, les Clarinettes, les Flutes, les Cors et les Cors anglais

Dans le style rigoureux, il faut éviter de faire usage des instrumens de percussion.

En mariant adroitement les instrumens à vent avec le chœur, on obtiendrait des effets heureux et neufs. Le plain chant, noyé dans les imitations, les canons et la masse des voix qui l'accompagnent, ressortirait de ce cahos, en le doublant, à l'unisson ou à l'octave, par une partie des instrumens à vent.

En dialoguant le chœur avec des instrumens à vent, on pourrait imiter, d'une manière piquante, l'effet d'un double chœur. Mais il faudrait dans ce cas traiter les instrumens comme les voix, employer le style rigoureux, et observer, en réunissant les deux masses, ce que nous avons dit au sujet de la réunion des deux chœurs. On trouvera à la fin de ce premier livre, un exemple sur cette proposition, suivi d'une fugue à deux chœurs.

IV.

ÉCLAIRCISSEMENS SUR L'HARMONIE DANS LE STYLE MODERNE, QUI PEUT OU QUI DOIT RECEVOIR DEUX BASSES SIMULTANÉES DIFFÉRENTES.

Toute harmonie doit avoir une basse correcte; il y a des cas, où elle peut et doit même en avoir deux simultanées différentes. Dans l'article sur le style rigoureux, nous avons indiqué comment on obtient ces deux basses pour faire chanter en même temps deux chœurs différens qui les exigent, dès-lors qu'ils sont placés à une certaine distance l'un de l'autre. Il nous reste ici à donner des éclaircissemens sur l'emploi des deux basses dans la musique moderne.

Règle générale.

Une harmonie à deux, à trois ou à quatre parties réelles, destinée à être exécutée par des voix ou des instrumens solos, doit avoir une basse correcte abstraction faite de l'orchestre qui accompagne cette harmonie et qui doit de son coté avoir une bonne basse. La même règle s'observe pour les morceaux d'ensemble et les chœurs accompagnés par l'orchestre dans la musique dramatique.

Lorsqu'on réunit la masse des instrumens à vent à celle des instrumens à cordes, il faut donner à chacune de ces masses une bonne basse, de même que si elles s'executaient isolément. (1)

D'après cette règle, et dans tous les cas précédens, il faut toujours avoir ou deux basses, ou au-moins une basse commune, ce qui n'est pas toujours praticable. Nous allons éclaircir cette matière par des exemples.

Voici une harmonie pour quatre voix, destinée à être accompagnée par l'orchestre :

(1) Lorsqu'on écrit pour l'orchestre, en doublant par les instrumens à vent les parties de dessus des instrumens à cordes, on affaiblit d'autant la basse. c'est pourquoi il faut observer de doubler la basse dans la même proportion par les instrumens à vent quand on ne leur donne pas une basse différente.

En accompagnant ce quatuor par l'orchestre, la basse de ce dernier peut simplement doubler la basse taille ou à l'unisson, ou à l'octave, ou en simplifiant la basse taille, ou en la brodant par des notes accidentelles, quand on le juge à propos. Dans ces quatre cas, il y aura BASSE COMMUNE entre l'orchestre et les voix. Ainsi, en simplifiant la basse taille, on obtiendrait le résultat suivant :

On brode souvent l'une des deux basses, n'importe laquelle, selon que le compositeur veut donner plus d'importance et plus de chaleur à l'une qu'à l'autre. C'est de cette manière que l'on conçoit ordinairement les deux basses en accompagnant par l'orchestre les morceaux d'ensemble et les chœurs.

Voici deux exemples d'une harmonie à quatre voix, qui a deux basses différentes, c'est à dire où l'orchestre fait une autre basse que le chant; dans ce cas, l'harmonie est à cinq parties réelles :

Voici un exemple d'un trio pour trois voix ou trois instrumens à vent solos, avec deux basses différentes.

Observations sur les trois exemples précédens.

D'après la règle que nous avons donnée, on peut supprimer la basse d'orchestre quand on le juge à propos. Lorsqu'il y a deux basses différentes, l'harmonie éprouve une autre modification, et les voix se détachent mieux de l'orchestre. Il faut ajouter à cela le mérite de la difficulté vaincue.

Dans l'exemple N.° 2, la basse-taille, (c'est à dire la basse du quatuor chantant), est trop prédominante pour qu'elle puisse être doublée par l'orchestre, même en la simplifiant. Une seconde basse (différente de la première) est donc ici nécessaire; ce qui rend l'harmonie à cinq parties réelles.

Si l'orchestre doublait la 1.re basse dans l'exemple N.° 3, ce serait à la distance de deux octaves (eu égard aux contre-basses); il y aurait grand inconvénient à doubler la basse du trio par les basses d'orchestre, si ce trio était exécuté à l'octave supérieure par des instrumens à vent; aussi le compositeur fera-t-il mieux de donner deux basses différentes à son harmonie, lorsqu'il voudra accompagner par l'orchestre un semblable morceau.

Une seconde basse, ajoutée à une harmonie déja connue, est plus facile à trouver pour accompagner un duo que pour accompagner un trio; elle serait plus difficile encore s'il s'agissait d'accompagner un quatuor. Pour la trouver, il faut connaitre parfaitement l'harmonie et les principes de la bonne basse; employer fréquemment de courtes pédales; savoir placer à propos une pause; rendre de tems en tems, l'harmonie des parties solo moins riche. etc. En ajoutant ainsi une seconde basse, on fait d'un duo un trio, d'un trio un quatuor, et d'un quatuor un quintetto, sans compter les autres parties d'orchestre qui doublent plus ou moins les parties solo, soit à l'octave, soit à l'unisson, soit en les simplifiant ou en les brodant, selon qu'on le juge à propos.

La seconde basse est toujours difficile à trouver lorsqu'on la cherche pour un morceau fait d'avance. Il est plus facile de faire deux basses différentes (toutes deux riches et interressantes) en commençant par les créer toutes deux, sans s'occuper d'abord des autres parties.

Voici un exemple de deux basses chiffrées, destinées à être exécutées ensemble:

Supposons qu'un organiste soit chargé d'exécuter la basse A, et qu'un autre organiste exécute en même temps la basse B; les deux, jouant ensemble, feraient entendre l'harmonie suivante, selon les chiffres indiqués:

En analysant cet exemple on trouve :

1º. Que chaque orgue fait une harmonie correcte, ce qui doit être.

2º. Que la main droite du premier organiste fait de temps en temps des octaves avec la basse du second orgue, et vice-versa. Cette licence est permise dans la musique moderne sous les conditions suivantes:

1º. Lorsque la masse de sons est suffisante pour imiter une harmonie à huit parties au moins.

2º. En observant que les deux octaves n'aient pas lieu entre les parties extrêmes de l'harmonie.

Sous ces deux conditions, cette licence n'est d'aucune conséquence, parceque l'oreille ne peut distinguer les octaves dans une grande masse de sons, et qu'elle ne peut, par là même, en être choquée.

Pour faire usage de cet exemple, il faut que les deux orgues soient placés à une certaine distance l'un de l'autre, sans quoi l'une des deux masses d'harmonie deviendrait non seulement inutile, mais nuirait encore à l'effet de l'autre.

Lorsque les deux Basses sont en contrepoint double, ※ (comme les deux précédens) on peut les renverser ou les croiser, Par exemple :

Deux basses différentes peuvent servir :

1°. A un double Duo;   2°. A un double Trio;   3°. A un double Chœur;   4°. A un morceau pour deux Orgues;   5°. A un Chœur et un Orchestre;   6°. A un morceau d'Instrumens à vent et d'Instrumens à cordes, surtout quand les deux masses sont éloignées l'une de l'autre; 7°. A un morceau pour deux Orchestres;   8°. Pour accompagner par deux Orgues ou par deux Orchestres un chœur à l'unisson. Nous donnerons ici un exemple de cette dernière proposition.

Voici un chant religieux, sous lequel on a conçu deux basses chiffrées et en Contrepoint double, qui peuvent d'abord être exécutées par deux orgues, placés (dans une cathédrale) à une grande distance l'un de l'autre, et entre lesquels le chœur (chantant à l'unisson ou à l'octave) se trouve :

※ Voyez le second livre qui traite du Contrepoint double.

Z. 55 (1)

Voici le même chant avec ses deux basses, accompagné par deux orchestres nombreux, placés aux deux extrémités du chœur:

Z. 55. (4)

Afin de bien comprendre ce travail, il faut se représenter les deux Orchestres assez éloignés l'un de l'autre pour qu'une grande quantité de personnes puisse trouver commodément place entre les deux. Les auditeurs placés près de l'Orchestre A, n'entendront que très faiblement (ou pas du tout) l'Orchestre B, et vice-versa. Les Octaves qu'un Orchestre fait avec l'autre, ne sont donc d'aucune conséquence pour eux; et les auditeurs, qui pourraient entendre les deux Orchestres à la fois, seront trop frappés et absorbés par cette masse extraordinaire de sons, pour qu'il leur soit possible d'en distinguer les détails.

Voici encore un exemple du même genre (avec deux basses en Contrepoint,) qui peut servir à un travail semblable:

Il n'est pas nécessaire que les deux basses soient toujours en Contrepoint double. Voici un exemple où elles ne sont pas en Contrepoint:

Il est clair que ces deux basses ne peuvent ni se renverser ni se croiser: dans ce cas, il y a une basse grave (ou inférieure) et une basse haute (ou supérieure) qui ne peuvent changer de place.

Comme les occasions se présentent à tous momens dans la pratique moderne, d'employer deux basses différentes et simultanées, nous conseillons aux élèves de s'exercer de bonne heure à chercher ces deux basses. Ce que nous avons dit à ce sujet dans cet article et dans celui sur le style rigoureux, est plus que suffisant pour leur donner des éclaircissemens nécessaires à ce sujet. Cet article est encore l'un de ceux qui n'ont pas été traités jusqu'à présent, et qui manquait essentiellement à l'art.

Les Compositeurs qui ont précédé le dixhuitième siècle nous ont laissé (dans leurs doubles chœurs) des exemples de deux basses simultanées qui n'ont pas du leur couter beaucoup de travail; il vaut mieux du moins le croire ainsi, plutot que de penser qu'il aient péché par ignorance. Voici quelques échantillons d'une double basse du dixseptième siècle:

V.

RÉCAPITULATION DE TOUS LES INTERVALLES CONSIDÉRÉS SOUS LE RAPPORT DE LA BASSE, SUIVIE D'UNE NOTICE SUR LA MANIÈRE DE TRANSPOSER SANS MODULER.

Tout le secret des Contrepoints, double, triple et quadruple, consistant seulement en ce que chaque partie doit faire bonne basse contre les autres (ainsi que nous le verrons dans le second livre de cet ouvrage) il est important de se rappeler sans cesse, ce qui constitue une basse correcte.

Nos intervalles se divisent comme on le sait:

En SECONDES Mineures, Majeures et Augmentées.

En TIERCES Diminuées, Mineures, Majeures et Augmentées.

En QUARTES Diminuées, Justes et Augmentées.

En QUINTES Diminuées, Parfaites et Augmentées.

En SIXTES Diminuées, Mineures, Majeures et Augmentées.

En SEPTIÈMES Diminuées, Mineures et Majeures.

En OCTAVES.

En Neuvième (c'est à dire en Secondes, mais frappées au moins à la distance d'une Neuvième) mineures et majeures.

Il est essentiel de savoir sous quelles conditions on peut employer chaque intervalle. L'Analyse suivante donnera aux élèves les éclaircissemens nécessaires par rapport à la Basse; ils pourront la consulter toutes les fois qu'ils desireront des renseignemens sur un intervalle quelconque, entre la Basse et les parties hautes.

De la Seconde majeure, de la Seconde mineure et de la Seconde augmentée.

La Basse peut faire chacun de ces trois intervalles avec une partie quelconque 1º. Comme note de passage, le plus souvent sur le temps faible de la mesure. 2º. Comme suspension, préparée et résolue régulièrement. 3º. Comme Note réelle préparée, ou frappée sans préparation selon le cas. Voici des exem:

Il faut éviter toute succession de Secondes.

De la Tierce mineure, de la Tierce majeure, de la Tierce augmentée et de la Tierce diminuée.

Il n'y a pas d'observation à faire sur la tierce majeure et sur la Tierce mineure, sinon que la basse peut faire plusieurs de ces Tierces de suite avec une partie haute quelconque.

La Tierce diminuée et la Tierce augmentée ne s'emploient que comme Note de passage sur le temps faible de la mesure, par exemple :

De la Quarte diminuée, de la Quarte juste et de la Quarte augmentée.

Commençons par la Quarte juste, comme le plus important de ces trois intervalles par rapport à la basse. La Quarte juste est le renversement de la Quinte parfaite: Par conséquent, tout accord dans lequel il y a une Quinte parfaite,(Ut-Sol par exemple) donne nécessairement une quarte juste, quand on met la Quinte (Sol) dans la Basse.

Il y a des accords qui ne contiennent qu'une Quinte parfaite; il y en a d'autres où l'on en trouve deux simultanées.

Les quatre accords suivans n'ont qu'une Quinte parfaite:

Les deux accords suivans renferment deux quintes parfaites:

En employant dans leur second renversement les Numéros 1, 2, 3, 5 et 6, la Basse fait des Quartes justes avec l'une des parties hautes, par exemple:

En employant dans le troisième renversement, les accords numéro 4, 5 et 6, la Basse fait également une Quarte juste avec l'une des parties hautes, par exemple:

Il est évident, que dans les exemples précédens toutes les Quartes sont notes réelles, c'est à dire parties intégrantes de l'accord, et quoiqu'elles soient toutes justes, il existe une grande différence entr'elles: la Basse (même préparée) chiffrée $\frac{6}{4}$ et $\frac{4}{3}$ dans le deuxième renversement des accords

---

* Il n'y a pas de Quinte parfaite dans l'accord de Septième diminuée (c'est à dire dans l'accord de Neuvième mineure sans Basse fondamentale), par conséquent la Basse ne peut pas y faire une quarte juste. Quant à l'accord de Neuvième majeure il n'est pas renversable lorsqu'on l'emploie avec sa basse fondamentale (Sol); le La ne peut se mettre dans la Basse, même en supprimant le Sol. Dans ce cas, on n'a que les renversements suivants, où la Basse ne fait pas Quarte juste avec l'une des parties hautes:
L'accord de Sixte augmentée n'étant pas renversable, la Basse ne peut également faire la Quarte juste.

Numéro **1, 2, 3, 5** et 6 peut devenir faible et même désagreable;(1) c'est par cette raison q... ...vite(autant que possible) dans le contrepoint et dans le style rigoureux les exemples A, B, C, D et E. Mais la basse chiffrée $\frac{4}{2}$ (ou simplement 2) dans les exemples F, G, H, est toujours bonne quand elle est préparée et résolue comme dans les exemples suivans :

En principe, la Quarte juste employée à la Basse (comme dans les exemples précédens) est toujours bonne quand elle est la dissonnance de l'accord, et qu'elle est accompagnée par la note fondamentale. Dans le style moderne, on fait usage assez fréquemment de la quarte chiffrée $\frac{6}{4}$ et $\frac{4}{5}$; elle est bonne dans tous les cas suivans, où elle est préparée soit dans la Basse, soit dans l'une des parties hautes :

---

(1) Il est à remarquer que la Quarte juste ou consonnante, produit cet effet singulier; tandis que la Quarte augmentée qui est dissonnante, n'a pas le même inconvénient; la véritable cause de ce phénomène, est un secret que l'acoustique n'a encore pu découvrir.

Après avoir montré de quelle manière on peut employer la Quarte juste comme note réelle, il
nous reste encore à faire connaître sous quelles conditions on peut en faire usage comme
note accidentelle, c'est à dire comme suspension ou comme note de passage. Les exemples suivans sont
suffisans pour éclaircir ce point.

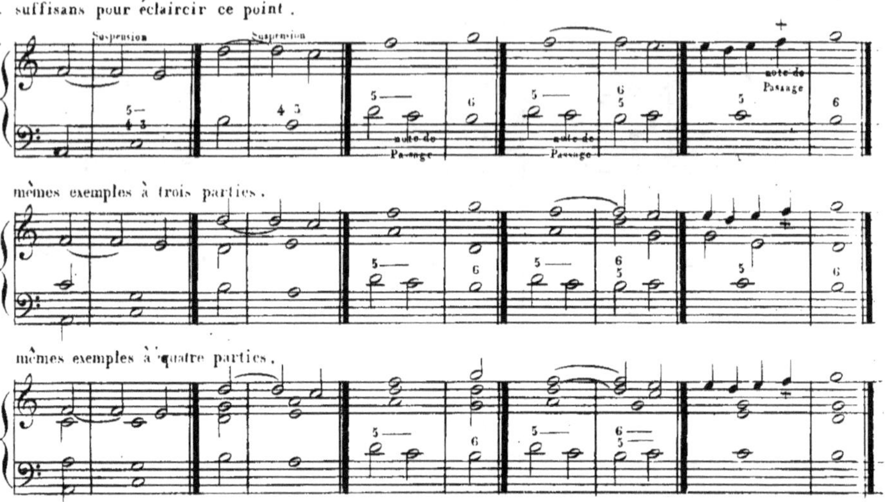

mêmes exemples à trois parties.

mêmes exemples à quatre parties.

La Quarte diminuée s'emploie le plus souvent comme note de passage, par exemple :

On en fait usage quelquefois aussi dans le
second renversement de l'accord de Quinte augmentée:

On peut employer la Quarte augmentée 1°. Comme note réelle, préparée dans la Basse et quelquefois sans préparation. 2°. Comme note de passage. 3°. Comme Suspension, mais très rarement.

1°. Comme note réelle.

2°. Comme note de Passage.

3°. Comme suspension.

Voici les mêmes exemples à trois et à quatre parties.

La Basse ne peut faire deux Quartes de suite, que sous les conditions suivantes:

1°. Il faut que la seconde Quarte soit Quarte augmentée.

2°. L'harmonie doit être à plus de deux parties.

3°. La Basse doit descendre d'une Seconde majeure pour arriver à la deuxième Quarte. Par exemple:

Remarque. La Quarte diminuée, juste ou augmentée, peut se frapper sans aucune PRÉPARATION quand on l'emploie comme APPOGIATURE (Note de goût) dans le chant, et surtout dans la partie supérieure:
Exemples.

De la Quinte diminuée, de la Quinte parfaite et de la Quinte augmentée.

La Quinte diminuée s'emploie comme note réelle (préparée et non préparée) et comme note de passage:

Il n'y a pas d'observation à faire sur la Quinte parfaite, sauf qu'il ne faut pas en faire deux de suite par mouvement semblable; et encore y a-t-il quelquefois des exceptions à cette règle dans le style moderne. Dans ce style, on tolère aussi une succession de Quintes parfaites par mouvement contraire.

La Quinte augmentée peut toujours avoir lieu lorsqu'elle est PRÉCÉDÉE par la Quinte parfaite: elle est surtout en usage comme note de passage et comme APPOGGIATURE:

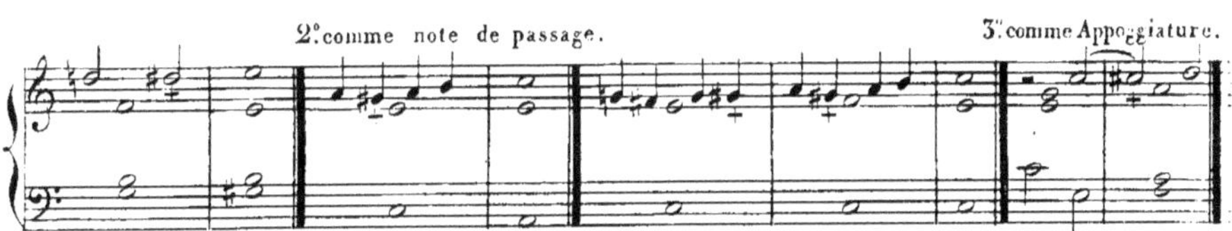

De la Sixte diminuée, de la Sixte mineure, de la Sixte majeure et de la Sixte augmentée.

La Sixte diminuée n'est pas usitée; cependant on peut l'employer (Quoique fort rarement) comme note de passage, ou comme APPOGGIATURE, Par exemple:

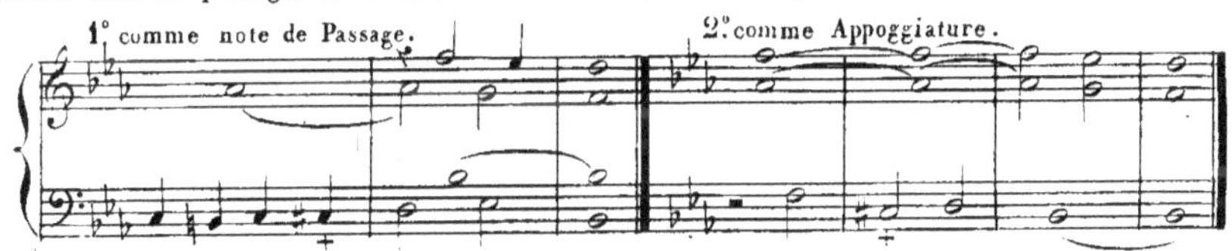

Il n'y a pas d'observation à faire sur la Sixte mineure et sur la Sixte majeure.

La Sixte augmentée s'emploie fréquemment dans le style moderne. Elle est bonne dans tous les exemples suivants:

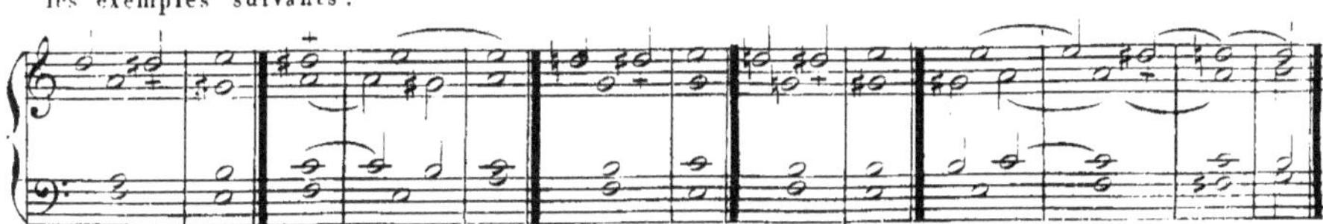

De la Septième diminuée, de la Septième mineure, et de la Septième majeure.

De nos jours, on fait grand usage de la septième diminuée, en la traitant comme note réelle et comme note accidentelle, préparée et non préparée. Par exemple:

La Septième mineure se prépare toujours dans les accords de Septième, de seconde et troisième espèce. On la frappe fréquemment sans préparation. 1°. Dans la Septième dominante (surtout lorsqu'on reste dans le ton); 2°. Dans les accords de Neuvième majeure et de Neuvième mineure. Par exemple:

Elle est toujours bonne sans préparation lorsqu'on l'emploie comme dans l'exemple suivant, où elle est traitée en note de passage:

On fait aussi beaucoup usage de la Septième mineure comme APPOGGIATURE et comme Suspension:

1°. comme Appoggiature.　　　　2°. comme Suspension.

Quand la Septième MAJEURE (qui est une dissonnance forte) n'est pas employée comme note de passage, ou comme APPOGGIATURE, elle doit être TOUJOURS préparée:

De l'octave.

Il n'y a pas d'observation à faire sur l'octave sauf qu'il ne faut pas en faire plusieurs de suite par mouvement semblable dans l'harmonie à deux jusqu'à huit parties réelles. Mais on peut doubler une partie en unisson ou à l'octave lorsqu'on le juge à propos, surtout dans la musique [illegible]

On fait assez fréquemment (dans le style moderne) deux octaves de suite, par mouvement contraire, dans l'harmonie à plus de trois parties.

De la Neuvième majeure et de la Neuvième mineure.

La Neuvième diffère de la Seconde, en ce que la première doit être éloignée de la Basse au moins à la distance d'une Neuvième.

On fait usage de la Neuvième, dans les accords de Neuvième majeure et de Neuvième mineure, puis en employant cet intervalle comme suspension. Les deux accords de Neuvième se frappent presque toujours sans préparation. On les place sur la dominante du ton, en les résolvant sur la Tonique. La Neuvième, traitée en Suspension, s'emploie sur tous les dégrés de l'échelle; mais il faut au moins qu'elle soit accompagnée par la Tierce :

L'intervalle de la Neuvième (tant majeure que mineure) se pratique aussi comme APPOGGIATURE. Par exemple :

Lorsqu'on emploie ces exemples il est bon que l'harmonie soit COMPLETTE autant que possible, surtout quand l'appoggiature est NEUVIÈME MINEURE.

---

* Dans l'accord de Neuvième majeure, la Neuvième (le La) se met dans la partie supérieure.

Remarque particulière .

On ne double pas la note de la basse quand cette note est DISSONNANCE ou NOTE SENSIBLE, surtout en attaquant l'accord. Cela ne peut se faire que passagèrement et en FAVEUR DU CHANT, comme dans l'exemple suivant , où la Sensible SI et la Dissonnance FA sont accidentellement doublées :

Tous les intervalles sont bons comme NOTE DE PASSAGE ; ils le sont également lorsque la Basse fait PÉDALE, pourvu que du reste l'harmonie soit CORRECTE et PURE entre les autres parties .

Notice sur la manière de Transposer sans Moduler.

Il existe plusieurs manières de transposer. Il est important, surtout pour la fugue et les différentes espèces de Contrepoints, de les bien connaitre toutes ; les voici :

1°. On transpose d'un ton à l'autre, NOTE pour NOTE, ACCORD pour ACCORD , et sans changement de mode ; c'est à dire de majeur en majeur. Cette transposition est la plus vulgaire .

Il arrive seulement quelquefois, que le compositeur dispose autrement les parties dans cette transposition, en les rapprochant davantage, ou en les éloignant plus ou moins, ou bien même en renversant les parties hautes (lorsque cela est possible), comme par exemple :

2. On transpose du Majeur au Mineur et vice versa. Lorsqu'en transposant, on change ainsi de mode, il arrive par fois que le compositeur est obligé de faire de légers changemens à son harmonie, pour l'approprier au ton mineur quand il y transpose une phrase majeure, comme par exemple :

58

5. La troisième manière de transposer (dont il s'agit ici particulièrement) est, de répéter ou de re-
produire une phrase sur D'AUTRES DÉGRÉS du MÊME ton, sans moduler, ou bien en ne modulant
qu'ACCIDENTELLEMENT. Voici le chant précédent du N.º 1, reproduit ici une tierce plus haut, tout en
restant en Ut majeur; et comme
l'harmonie du N.º 1 ne peut pas servir à cette transposition, il faut par
conséquent la concevoir autrement:

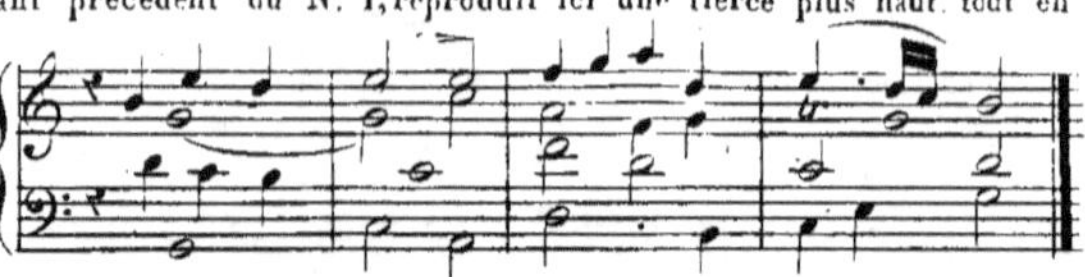

Mais il y a des cas, où (en transposant sans moduler) le chant et l'harmonie restent semblables, comme dans l'exemple suivant, où l'un et l'autre se trouvent sur trois dégrés différens
d'Ut majeur, sans sortir de ce ton:

Voici un autre exemple dans lequel le chant se trouve sur quatre dégrés différens d'Ut majeur,
mais chaque fois accompagné d'une autre manière:

L'harmonie, dans l'exemple précédent, fait à la fin une modulation accidentelle en La mineur; cette
sorte de modulation passagère peut avoir lieu dans le courant de cette transposition, dès que le chant
s'y prête naturellement, et que le compositeur le juge à propos. Il est clair qu'il ne faut pas user de
ce moyen de transposer dès que le chant, ou l'harmonie, ou les deux à la fois s'y opposent. Cette
troisième sorte de transposition a été souvent employée dans les ouvrages de nos compositeurs célèbres; et malgré cela on ne l'a jamais indiquée dans les traités.

VI.

NOUVELLE THÉORIE DE LA RÉSOLUTION DES ACCORDS DISSONNANS
D'APRÈS LE SYSTÈME MODERNE.

Un accord dissonnant a toujours une résolution naturelle, mais outre cette résolution, il peut en avoir beaucoup d'autres, qui sont autant d'exceptions. Quel est donc le principe d'après lequel ces exceptions peuvent avoir lieu? c'est un point sur lequel tous les traités gardent le silence. Comme il est très important de connaitre parfaitement ce principe, nous allons, dans cet article, le poser et le développer.

Dans un accord dissonnant, toutes les notes ne sont pas dissonnantes; il y en a une ou deux, les autres sont consonnantes. Il est indispensable, pour la clarté de cet article, de savoir au juste quelle est, ou quelles sont les notes dissonnantes dans chaque accord, parceque c'est à ces notes en particulier que s'appliquent toutes les remarques que nous ferons. Nous allons indiquer les notes dissonnantes dans chaque accord dissonnant.

Règle générale.

Une note est dissonnantes dans un accord dès qu'elle dissonne avec la note fondamentale (Basse fondamentale) de ce même accord.

1.er Accord dissonnant, ou accord diminué: (une seule note dissonnante)  La dissonnance de cet accord est FA, parceque le FA dissonne avec le SI, Basse fondamentale de l'accord.

2.e Accord dissonnant, ou accord de Septième de première espèce, ou Septième dominante (une seule note dissonnante)  La fondamentale est Sol, et le FA est par conséquent la dissonnance.

3.e Accord dissonnant, ou Accord de Septième de deuxième espèce: (une seule note dissonnante)  La fondamentale est SOL, la dissonnance est FA.

4.e Accord dissonnant, ou Accord de Septième de troisième espèce: (deux notes dissonnantes.) La fondamentale est SOL, les dissonnances sont RÉ♭ et FA.

5.e Accord dissonnant, ou Accord de Septième de quatrième espèce, ou Septième majeure (une seule note dissonnante)  La fondamentale est SOL, la dissonnance est FA ♯. (1)

6.e Accord dissonnant, ou Accord de Neuvième majeure: (deux notes dissonnantes)  La fondamentale est SOL, les dissonnances sont FA et LA.

7.e Accord dissonnant, ou Accord de Neuvième mineure: (deux notes dissonnantes)  La fondamentale est SOL, les dissonnances sont FA et LA♭.

8.e Accord dissonnant, ou Accord de Quinte augmentée: (une seule note dissonnante)  La fondamentale est SOL, la dissonnance est RÉ♯.

(1) Haydn a employé cet accord en haussant sa quinte accidentellement d'un demi-ton. Voyez la troisième mesure de l'exemple suivant:

Cette note ainsi altérée, devient necessairement une nouvelle dissonnance, qu'il faut résoudre en montant d'un demi ton.

9.° Accord dissonnant, ou Accord de Quinte augmentée avec Septième mineure:(deux notes dissonnantes) La fondamentale est SOL, les dissonnances sont RÉ♯ et FA♮.

10.° Accord dissonnant, ou Accord de Sixte augmentée:(trois notes dissonnantes par rapport à la basse fondamentale, qui est supposée) La note fondamentale de cet accord est SOL, ainsi que nous l'avons démontré dans notre cours d'harmonie pratique. Les notes dissonnantes sont par conséquent RÉ♭, FA et LA♭. Au reste, chacune de ces trois notes dissonne avec le SI♮. seule consonnance de l'accord.

11.° Accord dissonnant, ou accord de Quarte et Sixte augmentées:(deux notes dissonnantes) La fondamentale est SOL, les dissonnances sont RÉ♭ et FA.

On ne peut faire usage d'une note dissonnante dans une bonne harmonie, que sous les conditions suivantes :

1.° Lorsqu'elle se résout immédiatement, n'importe l'accord sur lequel la résolution se fasse; dans ce cas la dissonnance descend presque toujours d'un demi-ton.(1)

2.° Lorsqu'elle redevient consonnance (sans changer de place) par le choix de l'accord suivant.

5.° Lorsqu'elle reste dissonnance dans l'accord suivant (sans changer de place) pour se résoudre plus tard.

4.° Lorsqu'elle saute d'une partie à l'autre pour faire sa résolution dans celle-ci; dans ce cas il faut qu'elle puisse se frapper sans préparation.

5.° Lorsqu'elle s'emploie mélodiquement, ou dans un accord brisé, où elle peut rester souvent sans résolution.

Nous allons éclaircir ces cinq points:

1.º Un accord dissonnant se résout régulièrement (selon la loi naturelle) lorsque sa basse fondamentale fait avec celle de l'accord suivant, une quinte inférieure, qui est presque toujours Quinte parfaite, par exemple: Quand cette condition n'est pas observée, on fait une exception dans l'enchaînement des accords, par exemple: Mais la note dissonnante, qui est Fa dans le premier accord, descend sur le Mi du second, en se résolvant dans les deux exemples, et fait par conséquent sa résolution régulière. Il résulte de là, qu'on peut résoudre un accord dissonnant par exception, tandis que sa note dissonnante fait une résolution régulière. Cette remarque importante nous donne occasion de poser la règle suivante, qui est d'un grand intérêt pour la pratique:

Règle générale.

Un accord dissonnant peut se résoudre par exception de différentes manières, pourvu que sa note dissonnante se résolve régulièrement.

D'après ce principe, la Septième dominante peut avoir toutes les résolutions suivantes, parceque la note dissonnante Fa, y peut et doit descendre toujours sur le Mi en se résolvant:

<hr>

(1) Dans les deux accords de Quinte augmentée,(N.° 8 et 9) la note altérée (la Quinte augmentée) doit toujours se résoudre en montant. Dans l'accord de Quinte diminuée N.° 1, la note dissonnante peut monter ou descendre selon les cas.

Cette règle est également applicable lorsque la note dissonnante de cet accord se trouve dans la Basse, par exemple:

A cette règle il y a peu d'exceptions; les meilleures sont les suivantes, où la note dissonnante Fa, monte d'un demi-ton en se résolvant :

On peut ajouter à ces trois exceptions la suivante, où l'UT et le MI (deux notes dissonantes dans le premier accord) aulieu de descendre, montent d'un demi-ton en se résolvant :

Dans une succession ascendante de Septièmes diminuées, on peut également résoudre les dissonnances en montant.

Dans les quatre exemples précédents (a b c d) la dissonnance ne monte que d'un demi-ton en se résolvant par exception; mais on fait quelquefois aussi monter irrégulierement la dissonnance d'un ton entier, comme dans l'exemple suivant :

Cette licence peut se tolérer lorsque la Basse frappe la note sur laquelle devrait se résoudre la note dissonnante s'il n'y avait pas d'exception. Cette note dans la Basse produit l'effet d'un Mi doublé à l'octave, par exemple:

Il ne faut pas abuser de cette licence, ni en user dans d'autres cas.

2°. Une note dissonnante peut, sans changer de place, devenir consonnante, bien que l'accord soit changé, par exemple:

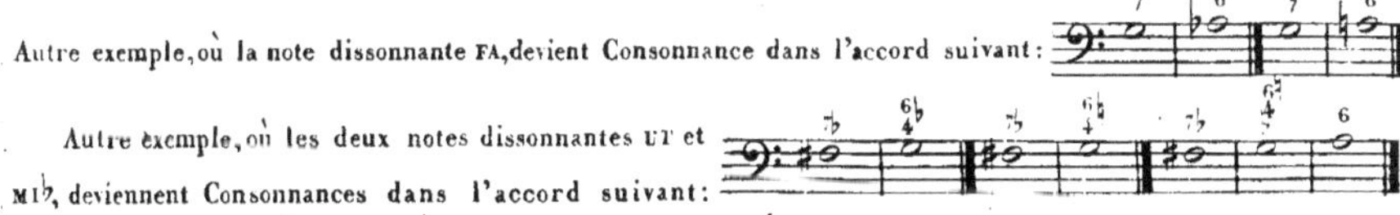

La note dissonnante UT dans le premier accord, devient Consonnance dans le second.

Autre exemple, où la note dissonnante FA, devient Consonnance dans l'accord suivant:

Autre exemple, où les deux notes dissonnantes UT et MIb, deviennent Consonnances dans l'accord suivant:

3°. Une note dissonnante peut devenir Dissonnance de l'accord suivant, bien qu'elle ne soit ni changée de place ni altérée, ce qui suppose aumoins deux accords dissonnans de suite, par exemple:

La Dissonnance FA reste toujours Dissonnance quoique l'accord soit changé. Voyez les exemples A et B. Dans l'exemple C, le FA reste dissonnance dans trois accords consecutifs. Il se résout régulièrement sur le Mi♯ au quatrième accord qui, à son tour, se résout sur le cinquième accord.

C'est d'après ce procédé que Mozart a fait la succession suivante, dans l'introduction de son ouverture de DON GIOVANNI :

Le Ré, dans le second et le troisième accord, est dissonnance, et il redevient consonnance dans le quatrième; l'Ut, dans les quatrième et cinquième accord, est également dissonnance, et se résout sur le sixième.♯

Il est clair, qu'une note dissonnante d'un accord restant dissonnance dans l'autre, est une DISSONNANCE COMMUNE aux deux accords. Lorsque la dissonnance commune n'a pas besoin de préparation,(1) elle a la propriété 1°. de pouvoir se répéter à l'octave dans la même partie; 2°. De pouvoir être changée de partie, en frappant le second accord :

Dans le N°. 1, la dissonnance (le FA) descend ou monte d'une octave; dans le N°. 2, cette dissonnance se transpose de la partie supérieure dans une partie intermédiaire, en changeant l'accord.

4°. D'après ce que nous venons de dire, il est évident qu'une note dissonnante (qui n'a pas besoin de préparation) peut également se transposer d'une partie à l'autre, sans changement d'accord, comme dans l'exemple suivant :

5°. On peut souvent, dans le courant d'une mélodie, frapper une note dissonnante sans la résoudre; cela se fait sous les deux conditions suivantes. 1°. Il faut qu'elle soit suivie d'une autre note intégrante de l'accord; 2°. Qu'elle ne soit pas la pénultième de la résolution; dans ce dernier cas la résolution devrait être régulière. Voici des exemples, où les dissonnances non résolues sont indiquées par une + :

♯ L'Ut dans ce quatrième accord devrait être préparé; Mozart a jugé à propos de le frapper ici sans préparation, pour ne pas interrompre sa progression chromatique.

(1) La Préparation n'est de rigueur que dans les Septièmes de deuxième, troisième et quatrième espèce; voyez N°. 3, 4 et 5 de la nomenclature précédente, Page 51.

Nous ne disconvenons pas qu'en abusant de la théorie que nous venons de développer ici on ne puisse produire des effets durs, désagréables et presqu'insoutenables; mais il ne s'agit pas ici d'un abus, mais bien des propriétés harmoniques dont l'intérêt de l'art nous fait un devoir de donner connaissance

VII DES CADENCES ROMPUES.

La véritable Cadence rompue n'a lieu que là où l'on devrait conclure définitivement une période musicale, au moyen de certaines formules harmoniques et mélodiques, qui font pressentir la conclusion d'une manière indubitable. Lorsque la Cadence est parfaite, le dernier accord est toujours L'ACCORD PARFAIT DE LA TONIQUE SANS RENVERSEMENT, précédé de l'accord parfait de la dominante (ou de la Septième dominante,) également non renversé, par exemple en UT :

Si le compositeur renverse le second accord (l'accord final), ou s'il prend à sa place un tout autre accord, il rompt sa cadence. Cela peut se faire de beaucoup de manières. On peut enfin rompre la cadence sur chacune des notes contenues au tableau suivant (lorsqu'on est en Ut, majeur ou mineur) :

Il est des cadences rompues qui ne peuvent avoir lieu que dans le mode majeur; d'autres dans le mode mineur seulement, et enfin d'autres, qu'on peut employer dans les deux modes; il y en a, dont l'existence dépend d'une série d'accords qui doit les suivre et que nous indiquerons dans le tableau suivant; d'autres exigent des conditions sans lesquelles elles ne seraient pas praticables. Ces conditions sont indiquées par renvois par tout où on les a jugées necessaires: Le lecteur des trouvera au bas des 7 pages suivantes.

Comme les accords, qui précèdent la dominante, peuvent être très différens, nous partirons toujours de l'accord de la dominante, que nous indiquerons par un 5 ou par un 7, car il est des cas où la Septième doit s'éviter, et d'autres au contraire où elle devient nécessaire: ainsi le SECOND ACCORD dans tous les exemples suivans, est celui sur lequel on rompt la cadence.

En rompant une cadence, on peut aller dans un autre ton, c'est à dire moduler, ou bien revenir sur ses pas pour en rompre une autre dans le même ton, et enfin y conclure.

Plusieurs des Cadences rompues dans le tableau ci-dessous sont suivies d'une série d'accords, nécessairement seulement quand on veut rentrer dans le ton. Le nombre de toutes ces cadences s'élève à 129.

Tableau des Cadences rompues en partant de la Dominante d'Ut.

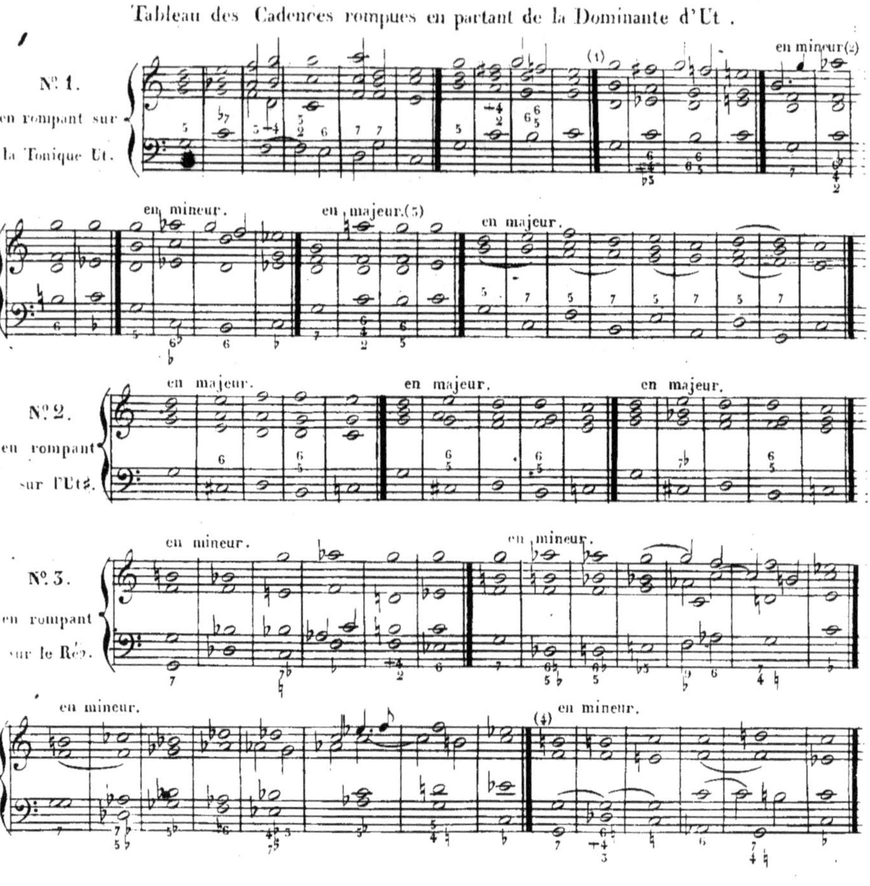

(1) La disposition des parties n'est pas indifférente dans beaucoup de ces Cadences rompues. Il y en a qui en
exigent une particulière sans laquelle elles ne pourraient pas se faire: Nous l'avons partout indiqué dans ce cas.

(2) Les Cadences rompues, où l'on trouve ces 2 mots: EN MINEUR, sont préférables en ce mode, ou ne peuvent se faire qu'en mineur.

(3) Celles qui portent ces deux mots: EN MAJEUR, ne peuvent se faire qu'en majeur; toutes les autres, où il n'y a ni en
MAJEUR ni en MINEUR, sont praticables dans les deux modes.

(4) Dans ces quatre exemples, où la Cadence se rompt sur le Ré♮, il ne faut pas frapper le Ré♮ dans l'accord de septième dominante, à cause de la FAUSSE RELATION que ce Ré♮ ferait avec le Ré♭ de la Basse dans la mesure suivante.

(5) Il faut doubler le Sol de la Basse dans le premier accord, cela adoucit la fausse relation entre la Basse et l'Alto.

(6) Dans cet exemple, ainsi que dans les deux suivants il faut supprimer le Ré dans le premier accord pour qu'il n'y ait pas fausse relation avec le Ré♯ que la basse fait présenter en partie faible d'accord, ce qui rendrait sensible en trop à la Partie de ...

(*) Il ne faut pas confondre cet accord (qui est septième avec la quinte diminuée (Mi Sol Si♭ Ré) avec celui de l'exemple L., qui est l'accord de neuvième majeure Ut Mi Sol Si♭ Ré, frappé sans sa note fondamentale Ut.

(†) Il ne faut pas confondre cet accord (qui est septième avec la quinte diminuée Si Ré Fa La) avec celui de l'exemple V., qui est accord de neuvième majeure Sol Si Ré Fa La, frappé sans sa note fondamentale Sol.

Z. 55.(1)

N.° 9.

en rompant
sur le Fa♯.

en majeur
en majeur.

Pour rentrer dans le ton. il
est évident qu'il faudra faire
une nouvelle modulation de Si♭
majeur en Ut♮ majeur.

N.° 10.

en rompant
sur le Sol♭.

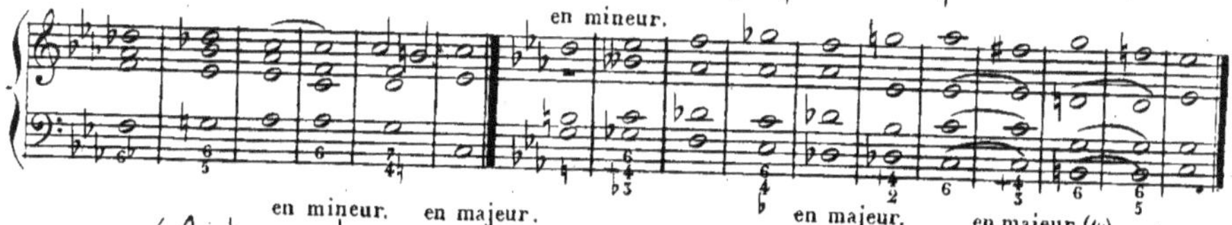

N.° 11.

en rompant
sur le Sol♮.

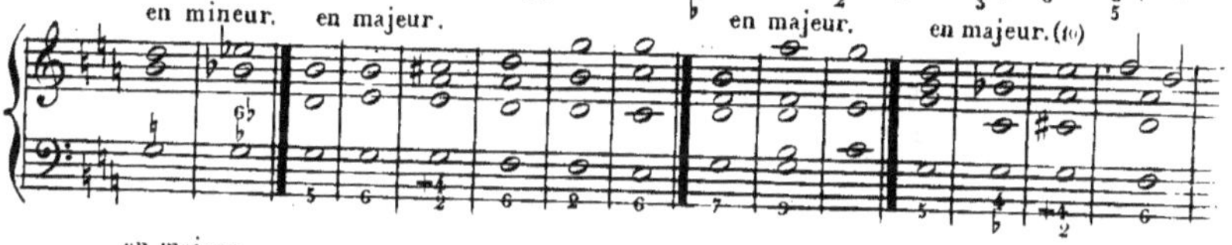

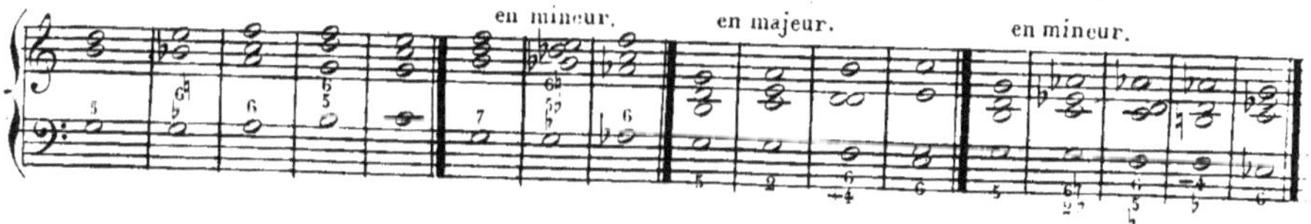

(9) Pour que cette transition fasse tout son effet, il est essentiel de rester suffisamment sur les trois premiers accords, ce que nous avons indiqué par les points d'orgue. Au reste, elle ne peut se faire que là où l'on désire obtenir un contraste frappant, aussi f... reprise.

(10) On peut aussi employer cette cadence rompue en mineur, si l'on résout le second accord de la manière suivante:

(11) Nous avons chiffré cet accord de deux manières (avec 7 et avec 5) cela indique que l'on peut le frapper comme accord de septième ou comme accord parfait.

(12) Les cadences rompues de ce tableau, qui sont suivies de beaucoup d'accords comme dans cet exemple, peuvent se passer de cette suite, dès que le compositeur ne veut pas revenir dans le ton. Il peut s'arrêter dans le ton que la cadence rompue mène convenablement, sauf à revenir plus tard dans celui que l'on désire.   Z.55.(1)

(15) Il semblerait que dans cet exemple et dans celui **C**, il n'y ait pas de cadence rompue, mais seulement un retard de la cadence parfaite. Pour y trouver une cadence rompue, il faut supposer que la phrase du compositeur doit naturellement finir à la seconde mesure, dans ce cas il rompt la cadence, parcequ'il ne la finit qu'à la quatrième.

(14) Le second accord dans l'exemple **E** et **D**, n'est pas le même; la basse fondamentale de l'un est La, tandis qu'elle est Fa de l'autre. C'est par cette raison qu'il se résout de deux manières différentes.

(15) Il faut, dans les trois exemples suivans, faire descendre le Si♮ sur le Si♭ dans le dessus, sans quoi la fausse relation serait insoutenable.

(16) Il faut éviter le Si♮ dans le premier accord de cet exemple, quand l'harmonie n'est qu'à quatre parties réelles, parcequ'on ne peut pas le faire descendre sur le Si♭ comme dans les trois précédens, et parcequ'il doublerait ici la dissonnance qui est dans la basse; mais dans l'orchestre, où une autre basse pourrait descendre de Si♮ sur Si♭, on pourrait employer le premier accord avec le Si♮.

(17) Il faut que le Sol♮ soit précédé de Sol♯ dans les 2 exemples suivans, et que la basse arrive sur le Si par mouvement contraire.

VIII.

Tableau contenant plus de soixante Suspensions

Toutes préparées par l'accord parfait Sol-Si-Ré
frappé constamment dans la même Position,
qui est la suivante :

Outre que ce Tableau est curieux, il est en même tems instructif et utile. Nous avons déjà observé ailleurs que la suspension est de toutes les notes accidentelles la plus estimée, surtout dans la haute composition ; nous avons donné sur la suspension un article détaillé dans notre cours d'harmonie pratique.

Les élèves sont souvent embarrassés pour trouver des préparations aux suspensions qu'ils veulent employer, tandis que les premières se présentent à tout coup surtout après un accord parfait, attendu qu'un seul d'entr'eux fournit la préparation pour plus de soixante Suspensions ; c'est ce que nous allons montrer dans ce tableau :

N.° 1.

Suspension dans la Partie supérieure

N.° 2. Suspension dans la première partie intermédiaire,

(1) Dans les treize exemples suivans, la Suspension est toujours Sol, et se résout autant de fois sur Fa ; mais cette résolution se fait sur treize accords différens (parmi lesquels il faut compter aussi les renversemens des accords) ce qui donne treize suspensions différentes, quoique la partie supérieure y fasse toujours les mêmes notes en commençant.

(2) Tous les exemples de ce tableau commencent par l'accord de Sol ; cela ne veut pas dire que l'on soit toujours dans le ton de Sol attendu que le même accord parfait se trouve dans différens tons, auxquels il est commun ; cet accord parfait de Sol est tonique étant en Sol ; il est dominante étant en Ut majeur ou mineur ; il est sous-dominante étant en Ré majeur, et il se trouve sur le sixième degré, étant en Si mineur.

(1) Cette Suspension à cela de particulier qu'elle ne change pas de degré en se résolvant, et sous ce rapport on peut l'envisager comme une exception.

(2) Cette Suspension semble être la même que la précédente et la suivante, toutes les 3 suspendent l'Ut dans l'accord d'Ut majeur et l'impression est 3 fois différente, parceque la Basse n'est pas la même. C'est cette variété de l'effet qui constitue ici trois suspensions particulières.

(1) Cette Suspension, ainsi que celle de l'exemple suivant sont fort rares.

Nous avons promis à la fin de l'article sur le style rigoureux, de terminer le premier livre de cet ouvrage par les deux chœurs suivans. L'harmonie de l'un et de l'autre est faite d'après les principes de ce style: c'est à dire que l'on a préparé toutes les dissonnances, sauf les notes de passage; que l'on n'a employé que des notes accidentelles reçues de nos jours dans ce style; que l'on a observé dans chaque partie les successions de notes prescrites; que l'on n'est point sorti des tons relatifs; etc

Il faut se représenter le chœur N°. 1. suffisamment éloigné des instrumens à vent. Le premier ne doit pas être accompagné par l'orgue, qui a trop de rapport avec les instrumens à vent. On peut le remplacer par des Violoncelles et des Contre-basses, qui sont suffisans pour soutenir les voix. La masse des instrumens à vent doit être en rapport avec la masse des voix, en y comptant les violoncelles et les Contre-basses. Ainsi, si l'une de ces deux masses est composée de quarante à cinquante personnes, il faut que l'autre masse soit à peu près du même nombre, ce qui suppose un orchestre de quarante à cinquante instrumens à vent; dont six ou huit flutes, (jouant à l'unisson), autant de Hautbois, de Clarinettes et de Cors, et douze à seize Bassons; en cas de besoin, on pourrait remplacer une partie de Bassons par des Contre-basses, en doublant les uns par les autres: Car il faut toujours que la partie la plus grave soit la mieux fournie, par rapport aux Basse-tailles doublées par des Violoncelles et des Contre-basses.

En réunissant les deux masses, chacune a une Basse particulière; mais la Basse de l'une est doublée, (en partie) une octave plus haut par l'autre; cette portion devient partie intermédiaire dans une masse, tandis qu'elle est basse dans l'autre; cette nouvelle chance peut également avoir lieu, si le compositeur le juge à propos.

N°. 1. Chœur dialogué par les instrumens à vent,

l'harmonie d'après le style rigoureux.

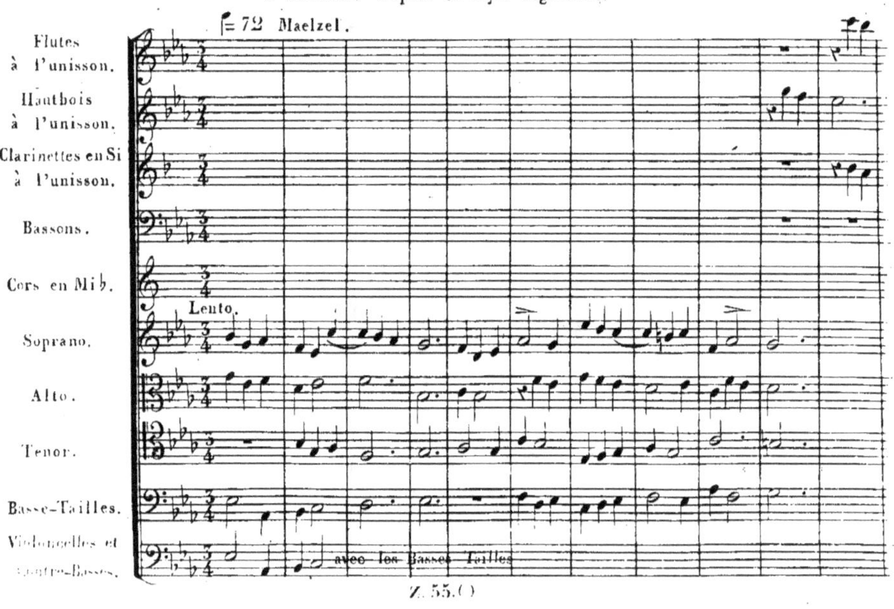

2.55.0

78

N.º2. Fugue à double Chœur.

l'harmonie d'après le style rigoureux.

7 55.(1)

Pedale
Z. 55. (1)

Analyse du morceau précédent.[*]

Le morceau précédent est une fugue à deux sujets, pour deux chœurs. Le premier sujet est dans le mode Eolien transposé en Mi; le voici avec son contre-sujet :

La Fugue a deux expositions: le premier chœur expose le premier sujet; voyez les mesures 1 à 13. Le second chœur expose le second sujet; voyez les mesures 18 à 26. En partant de la 38e mesure jusqu'à la 53e, on trouve quatre fois les deux sujets réunis, chaque fois dans un ton différent; cette réunion a lieu alternativement entre les deux chœurs. Un Stretto canonique avec le premier sujet se fait par le second chœur; voyez les mesures 59 à 67. Un Stretto avec le second sujet s'exécute par le premier chœur; voyez les mesures 68 à 77. En partant de la 85e mesure jusqu'à la 92e, l'harmonie est à huit parties réelles; les deux Basse-tailles y font la contr'exposition. Les deux sujets réunis y fournissent simultanément une bonne basse au premier et au second chœur. On fait entendre encore une fois les deux sujets réunis, mais seulement en Duo et avec la masse de deux chœurs; voyez les mesures 95 à 98. Ce qui suit est la conclusion de la fugue.

Les Compositeurs qui ont précédé le 18e. siècle, n'avaient nulle idée de l'effet que produit un trait en unisson, exécuté par une masse toute entière; ils ne savaient pas non plus que l'harmonie à 2 ou à 3 parties pouvait se doubler ou se tripler à l'octave, comme nous l'avons remarqué; mais cela n'est pas une raison pour exclure ces effets du style rigoureux dans lequel cette fugue est composée.

[*] Comme l'analyse de cette fugue est anticipée, nous engageons les élèves à y revenir après avoir lu l'article sur la fugue.

LIVRE DEUXIÈME.

DE L'HARMONIE RENVERSABLE
OU DES CONTREPOINTS DOUBLE, TRIPLE ET QUADRUPLE.

EXPLICATIONS PRÉLIMINAIRES.

Les mots Contrepoint et Harmonie sont synonymes; ainsi, les expressions CONTREPOINT DOUBLE, CONTRE-POINT TRIPLE, CONTREPOINT QUADRUPLE, équivalent à ces autres: HARMONIE DOUBLE, HARMONIE TRIPLE ET HAR-MONIE QUADRUPLE. Bien que le mot CONTREPOINT, pris à la lettre, signifie HARMONIE, on n'emploie ce mot dans la pratique moderne que pour exprimer une HARMONIE RENVERSABLE. Ce sera donc dans ce sens que nous l'emploierons dans le cours de cet ouvrage.

Tout le monde sait ce que c'est que l'harmonie, et quel est son usage et son utilité; mais bien des gens ignorent ce que c'est que l'harmonie RENVERSABLE OU CONTREPOINT, et plus encore le grand avantage qu'on peut en tirer. En étudiant cette partie de l'art musical, on n'apprend pas une nouvelle harmonie, différente de celle dont nous avons parlé dans le livre précédent et dans notre cours d'harmonie pratique, mais on y démontre les conditions qu'il faut observer pour qu'une PÉRIODE HARMONIQUE soit renversable.

Le principe fondamental de tous les contrepoints possibles, est, que chaque partie puisse faire basse correcte contre les autres. Par exemple, pour qu'une harmonie à deux parties soit renversable, il faut que chaque partie fasse bonne basse contre l'autre. Quand l'harmonie à deux possède cette qualité, le compositeur peut en faire un double usage, c'est-à-dire la présenter, 1.º sans renversement, 2.º dans son renversement. C'est par cette raison qu'elle s'appelle contre-point double.

L'harmonie à deux se renverse en mettant le dessus dans la basse, et vice-versa :

---

(1)

Il n'y a pas de contrepoint dès qu'on change l'accompagnement en mettant le chant à la basse, par exemple:

D. N'est point un renversement de C, parceque la partie supérieure de l'un n'a rien de commun avec la partie inférieure de l'autre.

Nous appellerons l'harmonie N.º 1 le MODÈLE, et celle N.º 2 le RENVERSEMENT. Comme les intervalles dans le N.º 1 ne restent pas les mêmes lorsqu'on les renverse, il s'en suit que le N.º 2 doit produire un autre effet que son modèle. C'est dans ce changement des intervalles que consiste l'intérêt de l'harmonie renversable.

Il faut que le compositeur fasse usage du MODÈLE et de son RENVERSEMENT, quand il désire faire valoir son contrepoint, car s'il emploie l'un sans l'autre, il ne fait entendre qu'une harmonie ordinaire, attendu qu'il ne peut espérer que les auditeurs devinent que l'harmonie est conçue en contrepoint, s'il ne la présente lui même sous ses deux faces différentes. Le contrepoint ne se reconnait que par la comparaison du MODÈLE avec son renversement.

Pour qu'une harmonie renversable devienne plus intéressante, et pour que son renversement soit plus facile à reconnaître, il faut que chaque partie chante d'une manière particulière. Le modèle suivant étant renversé, n'aurait pas d'intérêt parceque les deux parties font en même tems les mêmes valeurs de notes, ce qui fait qu'elles chantent de la même manière :

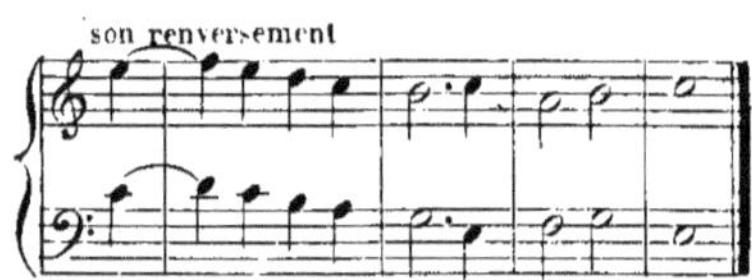

Mais il est facile d'obtenir deux chants différents, en variant l'une des deux parties sans changer le fond de l'harmonie.

Par exemple:

Chacun de ces chants se nomme SUJET. L'un des deux sujets doit toujours entrer après une pause plus ou moins longue. Le chant qui commence le contrepoint se nomme PREMIER SUJET, et le chant qui accompagne celui ci se nomme SECOND SUJET ou CONTRE SUJET.

Par exemple.

Chaque sujet doit contenir un sens mélodique. Plus les sujets sont chantans, plus le contrepoint a d'attraits, et plus le parti qu'on en tire peut être avantageux. Pour que les auditeurs puissent facilement retenir le modèle, il faut qu'il soit court; il peut contenir de deux à huit mesures.

Z.55.(1)

Le contrepoint s'emploie ordinairement dans le courant d'un morceau de musique; il n'est pas nécessaire que le morceau commence ou finisse avec le contrepoint; par cette raison l'harmonie du modèle et de son renversement peut commencer et finir sur un autre accord que celui de la tonique et, pourvu que cet accord soit consonnant, il peut se trouver aussi bien dans son renversement que sans renversement. L'harmonie du contrepoint suivant, qui est en Ut, commence et finit par un autre accord que celui de la tonique.

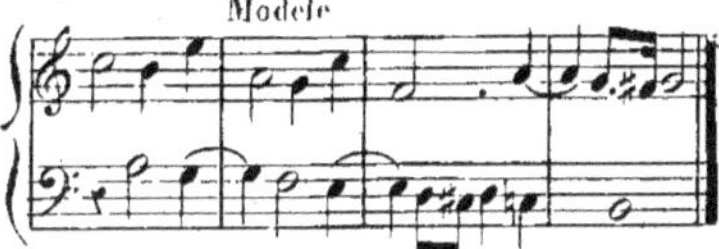

On module rarement dans le courant du modèle, si ce n'est de la tonique à la dominante; le plus souvent on reste dans le ton.

Il n'est pas nécessaire de faire entendre les deux sujets du contrepoint, toujours réunis: on emploie quelquefois l'un ou l'autre séparement; dans ce cas le contrepoint est suspendu. Cela se pratique dans un morceau de musique où l'on fait grand usage du contrepoint.

On peut transposer à volonté le MODÈLE et le RENVERSEMENT du contrepoint en différens tons. Le modèle suivant est en Sol et son renversement est en Ut:

Cette transposition se fait quelquefois de majeur en mineur, et vise-versa: dans les deux cas, l'harmonie du contrepoint éprouve souvent de légères altérations, qui consistent dans le changement des intervalles mineurs en intervalles majeurs, et vise-versa; par exemple:

Il n'est pas permis d'altérer les valeurs de notes d'un sujet. Mais on peut abréger un sujet, c'est à dire n'en faire entendre qu'une partie, quand on le juge à propos. Cependant, cela ne peut avoir lieu qu'après l'avoir employé plusieurs fois dans toute son étendue.

On peut aussi ajouter au contrepoint une ou deux parties d'accompagnement pour rendre l'harmonie plus ou moins complette; c'est au moyen de ces parties accessoires que le contrepoint peut trouver place dans un trio, un quatuor et en général dans toute harmonie à plus de deux parties. Une seule partie accessoire ajoutée peut être 1.º partie supérieure; 2.º partie intermediaire; 3.º partie de basse. Cette partie peut être changée autant de fois qu'on l'ajoute, attendu qu'elle n'est pas partie intégrante du contrepoint. Voici des exemples:

Dans l'exemple suivant le contrepoint est accompagné par deux parties accessoires.

On pourrait faire plusieurs quatuors suivant les combinaisons diverses des 4 parties entre elles. Dans tous les exemples précédents le second sujet se trouve AU DESSUS du premier. Il est clair que l'on en pourrai doubler le nombre en mettant autant de fois le second sujet au dessous du premier, et en créant d'autres parties accessoires. On transpose le contrepoint avec les parties ajoutées dans différents tons quand on veut l'employer avec des chances dans un morceau de musique. Il est important de fixer ici tout de suite l'attention sur la grande ressource que le compositeur peut tirer du contrepoint accompagné d'une et de deux parties ajoutées. Nous prendrons pour l'exemple le contrepoint suivant, que nous présenterons en majeur et en mineur:

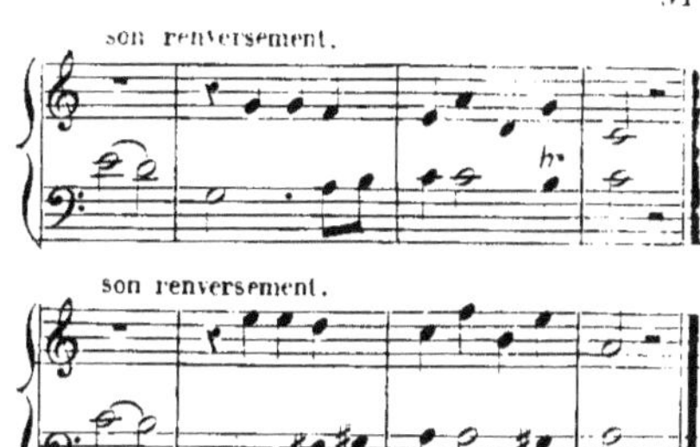

Le contrepoint, tel qu'on le voit ci-dessus, donne deux DUOS, qui sont le modèle et son renversement. En ajoutant au modèle une partie accessoire, l'on obtient trois TRIOS, parceque cette partie ajoutée peut être partie supérieure, partie intermédiaire et partie de basse, comme on l'a vu plus haut. En ajoutant de la sorte une partie au renversement du modèle, on obtiendra trois autres TRIOS. En ajoutant deux parties d'accompagnement au modèle, on fera quatre QUATUORS, parceque ces deux parties peuvent être les deux parties extrèmes, ou les deux parties intermédiares, ou une partie intermédiaire et le dessus, ou bien une partie intermédiaire et la basse.

Le renversement du modèle avec deux parties ajoutées donne également quatre QUATUORS. La transposition du contrepoint en mineur avec des parties d'accompagnement fournira au moins encore deux autres TRIOS et deux autres QUATUORS. Le tout ensemble donne deux DUOS, huit TRIOS, et dix QUATUORS, ce qui suppose le contrepoint vingt fois employé; dix fois renversé et dix fois sans renversement, seize fois en majeur et quatre fois en mineur. Voici l'exemple de cette reproduction remarquable avec le contrepoint précédent:

(a) Pour bien saisir le modèle d'un contrepoint, il faut toujours le présenter la première fois SANS NULLE PARTIE accessoire.

Partie supérieure ajoutée
Renversement
Renversement
Partie intermédiaire ajoutée
Partie de Basse ajoutée
Partie extérieure ajoutée
Modèle
Modèle
Partie intermédiaire ajoutée
Partie intermédiaire et le dessus ajoutés
Partie intermédiaire et la basse ajoutées
Parties extérieures ajoutées
Renversement
Modèle
Modèle
Parties intermédiaires ajoutées
Partie intermédiaire et le dessus aj.
Renversement
Renversement

Tous ces exemples ne sont qu'en ut majeur ou en la mineur: mais on les transpose dans d'autres tons en les employant dans un morceau de musique régulier, tel qu'un morceau de simphonie.

Dans chaque morceau de musique où l'on emploie le contrepoint, on peut faire usage des développements que nous venons d'indiquer. Il n'est pas nécessaire de prendre toutes les chances, mais seulement celles qui paraissent plus avantageuses.

Pour que l'harmonie soit renversable, il faut lui donner cette qualité en la créant. Le hazard fait quelquefois que l'on peut renverser deux, trois, ou quatre mesures d'harmonie, mais cela arrive très rarement. L'harmonie peut se renverser de plusieurs manières, savoir, à l'octave, à la dixième, à la douzième, et même à la seconde, à la quarte, à la sixte, et à la septième, comme on le verra dans le courant de ce second livre. Les renversements les plus importants sont ceux à l'octave, à deux, à trois et à quatre parties, et ensuite ceux à la dixième et à la douzième.

Nous traiterons tous ces contrepoints dans l'ordre suivant :

1.º Contrepoint double à l'octave ou à la quinzième.

2.º Le même avec des tierces ajoutées.

3.º Contrepoint triple.

4.º Contrepoint quadruple.

5.º Contrepoint à la tierce ou à la dixième.

6.º Le même avec des tierces ajoutées.

7.º Contrepoint à la quinte ou à la douzième.

8.º Le même avec des tierces ajoutées.

Notice sur les quatre Contrepoints suivants qui ne sont pas en usage :

1.º Contrepoint à la seconde ou à la neuvième.

2.º Contrepoint à la quarte ou à la onzième.

3.º Contrepoint à la sixte ou à la treizième.

4.º Contrepoint à la septième ou à la quatorzième.

(*) La basse fait ici pédale pour accompagner le contrepoint. La pédale, n'étant pas renversable, ne peut jamais servir dans le contrepoint. Mais, à l'instar de cet exemple, on peut l'employer par fois comme partie ajoutée.

DES CONTREPOINTS DOUBLES A L'OCTAVE
OU A LA QUINZIÈME (DOUBLE OCTAVE)[*]

Le contrepoint double est une harmonie à deux parties renversables, c'est-à-dire dont chaque partie peut donner bonne basse contre l'autre. Tous les exemples que nous avons donnés dans l'article précédent sont en contrepoints doubles à l'octave. On nomme ce contrepoint, contrepoint à l'octave ou à la quinzième, parceque les renversements se font à ces intervalles.

Nous avons déjà remarqué plus haut, que les intervalles du modèle changent dans le renversement, comme on peut le voir par le tableau suivant:

Modèle 1. 2. 3. 4. 5. 6. 7. 8.

Renversement 8. 7. 6. 5. 4. 3. 2. 1.

C'est-à-dire, que l'unisson devient 8.e la 2e devient 7,^{e} ainsi de suite.

Voici les règles qu'il faut observer pour créer le contrepoint à l'octave:

Première Règle.

Il faut traiter la QUINTE parfaite EN DISSONNANCE, c'est-à-dire la préparer et la résoudre, ou l'employer comme note de passage. Cette règle est la plus importante dans ce contrepoint.

Seconde Règle.

La suspension que l'on indique par le chiffre 9 est défendue, parcequ'elle n'est pas renversable.

Troisième Règle.

Deux QUARTES consécutives ne peuvent pas avoir lieu, parcequ'en les renversant elles donnent deux quintes.

Quatrième Règle.

Pour que les deux parties du contrepoint ne se croisent pas en les renversant, il ne faut les écarter que tout au plus d'une quinzième en créant le modèle; et il y à même des cas où l'on ne doit pas surpasser les limites d'une octave.

A ces quatre règles il faut ajouter:

1°. Que l'harmonie du contrepoint (quoiqu'à deux parties seulement) doit être suffisamment riche pour qu'elle puisse se passer d'une troisième partie de remplissage (ou d'accompagnement,) attendu qu'il faut d'abord, et toujours, exposer le contrepoint SANS CE SECOURS, pour que les auditeurs soyent en état de saisir facilement les deux sujets.

2°. Que les deux sujets ne doivent se croiser ni dans le modèle ni dans le renversement.

3°. Que toutes les dissonnances doivent être préparées, sauf les notes de passage. LA QUINTE DIMINUÉE et son renversement LA QUARTE AUGMENTÉE. font exception à cette règle: on peut les employer parfois sans les préparer

4°. Que chaque sujet doit présenter un chant distinct; on fera entrer l'un après l'autre au moyen d'une courte pause, comme nous l'avons déjà remarqué précédemment.

---

[*] Ce contrepoint étant le plus en usage et le plus utile dans la pratique, nous avons donné tous les éclaircissemens nécessaires sur son emploi, d'une manière plus étendue que sur les autres contrepoints dont l'usage n'est pas à beaucoup près aussi fréquent.

Observation sur la premiere regle concernant la QUINTE PARFAITE.

La Quinte parfaite est un excellent intervalle; mais, comme en se renversant, elle donne une quarte qui pourrait rendre la basse vicieuse, il faut la traiter en dissonance. Voici des exemples sur l'emploi de la quinte parfaite:

L'exemple suivant, où la quinte est prodiguée, est praticable; mais sous la condition d'ajouter une partie au renversement, et d'accompagner par une SECONDE, toutes les quartes que l'on y trouve.

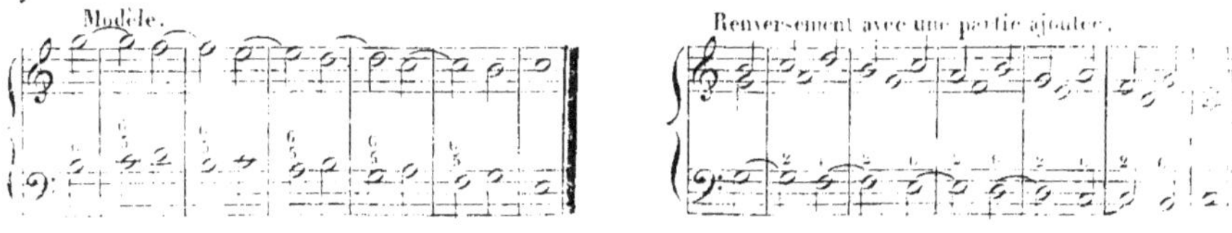

La QUINTE DIMINUÉE, qui donne en se renversant QUARTE AUGMENTÉE, s'emploie quelquefois sans préparation (comme nous l'avons déjà remarqué,) principalement dans le style libre. Mais il faut arriver sur cet intervalle par degré conjoint, autant que possible. Voici des exemples :

Observations sur la seconde règle, concernant l'intervalle de la 9.me

Il y a deux manières très différentes d'employer l'intervalle de la 9.me dont l'une est mauvaise et l'autre est bonne; les voici :

Dans le N.º 1, où le Ré suspend l'Ut, l'harmonie n'est pas renversable. Dans le N.º 2, où l'Ut suspend le Si, l'harmonie est renversable. Dans le N.º 1 la suspension RÉ ne peut pas s'approcher de l'Ut à la distance d'une seconde: par exemple Dans le N.º 2 le Ré n'étant pas suspension, peut se frapper avec l'Ut à la distance d'une seconde: par exemple Dans cet exemple c'est l'Ut qui est la suspension.

Voici des exemples avec leurs renversements sur les différents cas où la 9.me est praticable ou à éviter. Dans les exemples qui ne sont pas bons, l'intervalle de la 9.me est indiqué par le chiffre 9. Dans les exemples praticables, cet intervalle est indiqué par le chiffre 2.

Observation sur la troisième règle concernant deux quartes consécutives.

On évite deux quartes de suite, non seulement parcequ'elles donnent deux quintes en les renversant, mais aussi parceque la seconde quarte dans ce cas ne peut pas être préparée, et il est défendu dans la bonne harmonie d'employer une quarte juste sans préparation, lorsqu'elle n'est pas note de passage. On se permet dans la musique libre, la succession de deux quartes, lorsque la seconde quarte est AUGMENTÉE. voyez l'exemple suivant 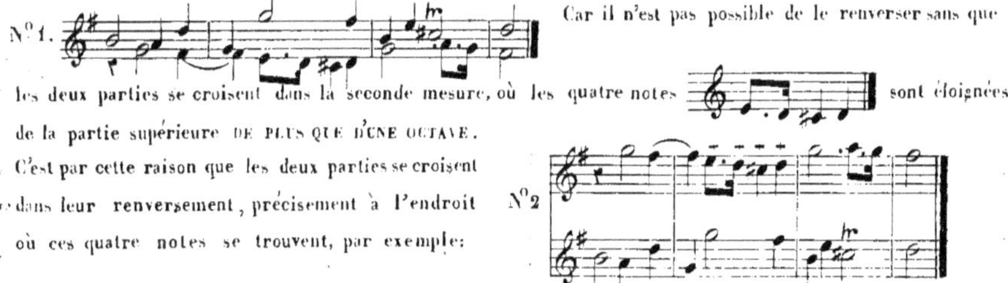 Mais cet exemple ne vaut rien en contrepoint, attendu qu'en le renversant on obtient les deux quintes suivantes, qui sont dures, surtout dans l'harmonie à deux parties.

Observation sur la quatrième règle, concernant les limites
qu'il ne faut pas franchir en créant le modèle.

Pour ne pas croiser les sujets dans ce contrepoint, on prescrit la règle de ne point surpasser les limites de l'octave, ou au moins celles de la quinzième: cette règle exige des explications particulières.

Si l'on désirait de faire un contrepoint pour deux VOIX SEMBLABLES, (par exemple pour deux sopranos ou pour deux tenors, qui n'ont pas beaucoup d'étendue,) le modèle suivant ne pourrait pas servir:

N.° 1. Car il n'est pas possible de le renverser sans que les deux parties se croisent dans la seconde mesure, où les quatre notes sont éloignées de la partie supérieure DE PLUS QUE D'UNE OCTAVE. C'est par cette raison que les deux parties se croisent dans leur renversement, précisément à l'endroit où ces quatre notes se trouvent, par exemple: N.° 2

Là où les deux sujets se croisent, les parties ne sont pas renversées, parceque les intervalles n'éprouvent point de changement; ce que l'on voit clairement en comparant le N.° 2 avec le N.° 1: ainsi, pour éviter cet inconvénient, il faut, en créant le modèle pour deux voix semblables, que les deux sujets ne s'écartent pas de plus que d'une octave l'un de l'autre; d'après cela, il faut corriger le contrepoint précédent comme il suit, où les deux parties restent dans LES LIMITES d'une octave:

N.° 3. Modèle.

N.° 4. Renversement.

Mais en composant pour des voix inégales, ou pour des instrumens qui ont ordinairement une étendue de plus de deux octaves, on peut surpasser les limites de l'octave, mais en se renfermant toujours dans celles de la quinzième. Dans ce cas, le modèle N.° 1 peut servir, parcequ'on peut le renverser de la manière suivante, sans que les parties se croisent:

Quand un modèle est rectifié sous ce rapport, on peut éloigner ou rapprocher les deux sujets l'un de l'autre, autant qu'on le desire, pourvu qu'ils ne se croisent pas: cette variété, dans la distance entre les deux sujets, s'observe souvent dans la musique instrumentale, et surtout dans l'orchestre, par exemple:

Différentes distances entre les deux sujets dans le modèle.

On ne peut mettre une aussi grande distance entre les deux sujets, dans les exemples 3 et 4, qu'en ajoutant des parties intermédiaires et accessoires pour la remplir.

Différentes distances entre les deux sujets dans le renversement.

Il faut également remplir la distance qui sépare les deux sujets dans le N.º 3.

Manière la plus facile de chercher le second sujet (ou le contre sujet)
dans l'harmonie renversable à deux parties.

Il n'est pas difficile de trouver le premier sujet pour un contrepoint quelconque. Chaque phrase d'un chant naturel et franc, chaque trait mélodique de quelques notes peuvent servir à un premier sujet. Pour faciliter la recherche du second sujet, nous recommandons la méthode suivante:

On prend trois portées; on place le premier sujet sur la portée supérieure; et, sur la portée inférieure, on le répète à la distance d'une ou de deux octaves, par exemple:

Portée
supérieure.

Portée
intermédiaire.

Portée
inférieure.

La portée intermédiaire est destinée au second sujet, qui doit faire bonne basse contre la portée supérieure, et en même tems une harmonie correcte avec la portée inférieure. Ainsi, en cherchant le second sujet, on consultera ces deux portées à la fois, comparant le second sujet avec l'une ou avec l'autre. Le second sujet étant trouvé, on a le modèle du contrepoint sur les deux portées supérieure et intermédiaire; le renversement du modèle se voit sur les portées intermédiaire et inférieure.

N.º I est destiné à un contrepoint à l'octave pour deux voix semblables. Le second sujet ne doit croiser les notes, ni de la portée supérieure ni celles de la portée inférieure.

N.º 2 est destiné à un contrepoint à la quinzième pour deux voix différentes, ou pour deux instruments. Le second sujet ne doit croiser les notes, ni de la portée supérieure, ni celle de la portée inférieure.

Il est plus facile de créer le second sujet pour le N.º 2 que pour le N.º I, parceque dans le N.º 2 on a quinze degrés à sa disposition, tandis que le N.º I n'en offre que huit.

Il est toujours possible de trouver DIFFÉRENTS CONTRE SUJETS à un seul premier sujet. Voici dix contrepoints à l'octave (ou a la quinzième) dont le premier sujet est TOUJOURS LE MÊME:

1.

Nous avons chiffré le second sujet dans tous les dix exemples, pour indiquer les accords sur les parties.

Z.55.(1)

Dans les exemples où le second sujet fait beaucoup de notes, on suppose le mouvement de la mesure plus lent.

On peut faire plusieurs contre sujets sans changer le fond de l'harmonie; il suffit qu'ils chantent différemment.

On peut souvent changer les accords en renversant le modèle; cela arrive assez fréquemment en ajoutant au contrepoint des parties accessoires.

C'est un excellent exercice que de chercher différents contre sujets à un seul premier sujet, quoique l'on ne fasse usage dans la pratique que D'UN SEUL CONTRE sujet. Quand on a trouvé plusieurs contre sujets, on a la facilité de choisir celui qui est le meilleur ou qui convient le mieux. Nous verrons à la fin de l'article sur les contrepoints, quel parti avantageux on peut en tirer.

II

DU CONTREPOINT DOUBLE A L'OCTAVE
AVEC DES TIERCES AJOUTÉES.

Le contrepoint double à l'octave peut être conçu de manière à ce que l'on puisse accompagner les deux sujets par des tierces supérieures. Dans ce cas on l'appelle, contrepoint à l'octave à quatre parties, que l'on ne doit point confondre avec le contrepoint quadruple dont nous parlerons plus tard.

Pour que le contrepoint double à l'octave puisse devenir à quatre parties, il faut observer (en créant les deux sujets) LE MOUVEMENT CONTRAIRE OU LE MOUVEMENT OBLIQUE, * et éviter les intervalles dissonnants, sauf les notes de passage. Le contrepoint suivant peut devenir à quatre parties en accompagnant chaque sujet par des tierces supérieures :

Même contrepoint renversé et doublé également par des
Tierces supérieures.

Dans ce contrepoint à quatre parties, il n'y a que les deux sujets primitifs (voyez l'exemple A) qui fournissent une bonne basse, et donnent parconséquent les deux exemples B et C. Mais les trois parties hautes dans ces deux derniers exemples, peuvent se renverser de différentes manières entr'elles. Ainsi l'exemple B peut se rendre aussi des deux manières suivantes, en gardant la même basse :

---

* Le mouvement oblique est celui dans lequel une partie demeure sur le même degré (ou sur la même note) tandis que l'autre partie est en mouvement.

EXEMPLE.

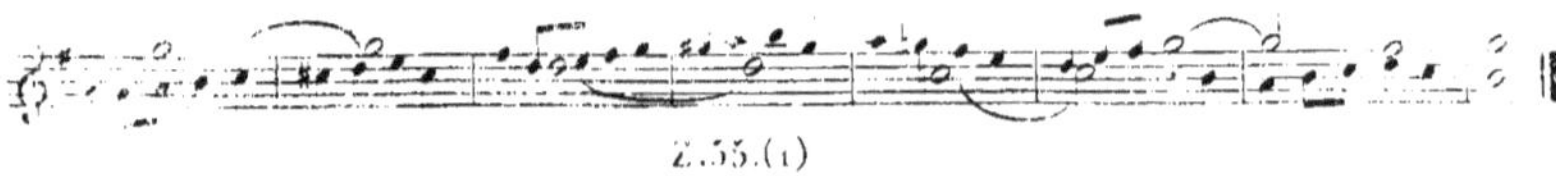

Z.55.(1)

L'exemple C peut également présenter les deux chances suivantes en gardant la même basse:

En supprimant dans tous ces exemples l'une des deux parties qui servent a doubler chaque sujet par des tierces supérieures, on obtiendra autant de trio, c'est à dire qu'on peut employer ce contrepoint avec quatre et avec trois parties, lorsqu'on desire en faire un grand usage dans un morceau de musique d'une certaine etendue.

On a toujours fait fort peu d'usage du contrepoint double avec des tierces ajoutées, et de notre temps on ne s'en sert presque pas. D'ailleurs, ce contrepoint a des inconveniens qui consistent, 1º en ce qu'on est obligé de DOUBLER LA NOTE SENSIBLE et de ne pouvoir pas toujours la resoudre régulierement, 2º en ce qu'un intervalle dissonnant est souvent irrégulierement résolu. 3º en ce qu'une partie est obligée quelquefois de sauter d'une manière mal chantante, comme on peut le voir dans la 2º mesure de l'exemple B où le dessus monte d'ut♮ à fa♯. Il faut aussi remarquer que l'interêt d'un contrepoint n'augmente pas en doublant ses deux sujets par des tierces; car ce doublement n'est autre chose que la répétition simultanée de ces deux sujets avec d'autres notes. Il est préférable d'ajouter au contrepoint une ou deux parties d'accompagnement dont le chant n'ait rien de commun avec les deux sujets, comme nous l'avons indiqué plus haut.

Z.55.(1)

III

DU CONTREPOINT TRIPLE.

On appelle contrepoint triple une harmonie à trois parties, dont chacune peut servir alternativement de BONNE BASSE aux deux autres, comme dans les trois exemples suivans:

Une telle harmonie a la propriété de rester toujours bonne et correcte, de quelque manière que l'on renverse les trois parties entr'elles. Ces renversements se font à l'octave ou à la quinzième, comme dans le contrepoint double à l'octave; c'est par cette raison que les règles pour faire le contrepoint triple sont les mêmes que celles que nous avons données pour le contrepoint double. Ces règles sont 1° qu'il faut traiter la quinte en dissonnance, c'est à dire ne l'employer que comme note de passage sur le temps faible de la mesure, ou bien comme suspension placée sur le temps fort, préparée et résolue en descendant d'une seconde. 2° qu'il faut éviter de faire deux quartes de suite. 3° qu'il ne faut pas employer la suspension 9. A ces trois règles principales il faut ajouter les observations suivantes

1°. Les accords ne sont jamais complets dans ce contrepoint, et c'est presque toujours la quinte parfaite de l'accord qu'il faut supprimer. Voici la manière de traiter les accords dans le contrepoint triple :

Dans les accords parfaits on supprime la
quinte, en doublant l'une des 2 notes restantes.

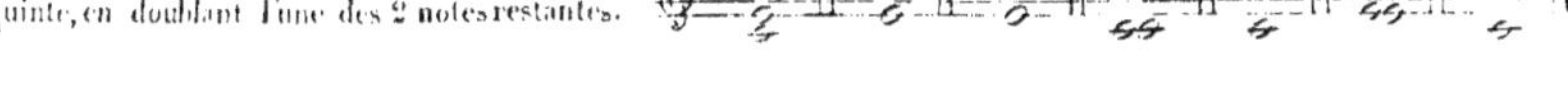

Dans l'accord de 7.ᵉ dominante on supprime,
soit la quinte de l'accord en gardant la note fondamentale, soit la note fondamentale en gardant la 5.ᵗᵉ

La quinte diminuée (si ♮ fa ♮) peut avoir lieu, soit qu'elle représente la septième de dominante (sol si re fa) soit qu'elle indique l'accord diminué (si re fa.)

Dans les trois accords de
septième suivants, on supprime toujours la quinte, et on
prépare la septième.

L'accord de septième diminuée ne peut s'employer qu'en le résolvant sur la septième dominante de la manière suivante :

2°. Les trois parties doivent faire trois motifs différents, pour que l'on puisse distinguer facilement
chaque partie du contrepoint. C'est aussi par cette raison que les trois motifs ne doivent pas commencer en même tems, mais l'un après l'autre (Voyez l'exemple page 104.) Ces motifs s'appellent SUJETS. Le
premier de ces trois sujets entre seul ; le second le suit après une pause (qui est souvent très courte,)
et le troisième entre plus tard. Les trois sujets finissent ordinairement ensemble.

Il est permis de faire croiser les trois sujets, par la raison que l'harmonie a des modifications
différentes dans chaque renversement.

On peut ajouter à l'harmonie de ce contrepoint une partie d'accompagnement, qui sert à complé-
ter les accords et à varier davantage les effets dans les différentes répercussions de ce contrepoint. Cette partie accessoire et libre peut être partie supérieure, partie intermédiaire ou partie de basse. On
ne l'emploie qu'après avoir fait entendre (au moins une fois) le contrepoint seul, c'est à dire sans y ajouter
une partie étrangère.

Voici des exemples d'un contrepoint triple avec une partie ajoutée:

Le même avec une autre partie intermédiaire ajoutée.

Le contrepoint ci-dessus (avec ses différents renversements) est cinq fois reproduit; quatre fois avec une nouvelle partie ajoutée qui donne à sa répercusion un double intérêt. En employant ces cinq exemples dans un morceau régulier, on peut transposer les quatre derniers dans quatre tons différents, et les séparer par d'autres idées qui n'aient rien de commun avec le contrepoint, comme nous le verrons plus tard.

Voici la manière de créer un contrepoint triple:

On prend un chant fort simple, de huit à douze mesures tout au plus; ce chant sera le prémier sujet du contrepoint, ou au moins le sujet principal. Du temps de Palestrina, et avant lui, on choisissait à cet effet un morceau de plain chant connu, ce qu'on peut faire également quand on le jugera à propos. Souvent aussi on donne ce premier sujet aux élèves, comme cela se pratique dans les écoles et dans les concours. On cherche le commencement du second sujet après une pause (la plus courte est un demi soupir, et la plus longue une mesure ou une mesure et demie, ou deux mesures tout au plus.) Si le premier sujet commence en frappant sur le tems fort, le second sujet entre en levant sur le tems foible et vice-versa. En général, chaque sujet doit se distinguer par un chant particulier, surtout en débutant. On continue ce second sujet jusqu'au point où le troisième sujet entre. En partant de ce point, il faut chercher le troisième sujet, CONJOINTEMENT avec la suite du second sujet, car si l'on finissait le second sujet sans songer au troisième, on éprouverait très souvent une grande difficulté à trouver le troisième sujet. Le troisième sujet est souvent fort court; il ne consiste quelquefois qu'en quatre ou cinq notes. Il est clair que l'harmonie ne devient en contrepoint triple qu'en partant du troisième sujet, ce qui le précède est en contrepoint double. Voyez le contrepoint précédent.

Les trois sujets conçus, il faut les vérifier, sous le rapport de l'harmonie, en mettant chaque sujet dans la basse, et en le chiffrant, par exemple:

Si l'on était obligé (dans l'un ou dans l'autre des trois sujets) d'employer les chiffres $\frac{6}{4}$, 9 - 8, 9 - 6, 9 - 3, $\frac{4}{2}$, le contrepoint serait défectueux. Tous les chiffres suivants sont bons: $\frac{4}{2}$, $\frac{-4}{2}$, 3, $\frac{6}{3}$, 5. $\frac{6}{3}$, 6, 7, 7 - 6, 7 - 3.

Il faut que l'harmonie des trois sujets soit non seulement correcte mais en même temps franche et naturelle. On module rarement, ou on ne module que très légèrement, dans le courant du modèle; mais on transpose le contrepoint tout entier dans différents tons, lorsqu'on le juge à propos.

Le modèle du contrepoint ne doit pas être long; on en fait de quatre jusqu'à dix ou douze mesures tout au plus. Nous donnerons à la fin de ce second livre différents exemples sur le contrepoint triple.

---

* La quinte, soit parfaite soit diminuée, est toujours bonne quand elle est accompagnée d'une sixte, parceque elle est dans ce cas une dissonnance, par exemple . . . . 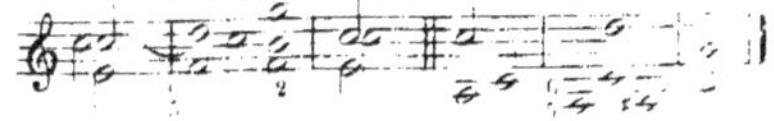

IV.

DU CONTREPOINT QUADRUPLE.

L'harmonie de ce contrepoint est à quatre parties, dont chacune doit servir de bonne basse aux trois autres. Les parties se renversant à l'octave ou à la quinzième les unes contre les autres, on observe donc pour faire ce contrepoint les mêmes règles et les mêmes conditions que pour faire le contrepoint triple, sauf qu'il y a une partie (ou un sujet) de plus à ajouter. Ainsi il faut traiter la quinte en dissonnance et éviter la suspension chiffrée 9, ce qui est la règle fondamentale de tous les contrepoints qui se renversent à l'octave.

Les accords sont toujours incomplets dans cette harmonie, quoi qu'elle soit à quatre parties, parce qu'on est obligé d'y supprimer la quinte, ce qui est la cause que dans les accords parfaits on est forcé de doubler deux notes ou d'en tripler une; par exemple:

Cependant, il est permis de faire entendre PASSAGÈREMENT la quinte de cet accord (le sol) sous les conditions suivantes: il ne faut pas la frapper simultanément avec les deux autres, mais l'amener par dégré conjoint, en guise de note de passage, et ne point s'arrêter sur cette note, c'est à dire ne pas lui donner une valeur plus forte QU'UNE NOIRE, par exemple:

L'accord de septième dominante (sol-si-ré-fa) se frappe presque toujours sans sa note fondamentale, (sans le sol;) dans ce cas on double le Ré, ou bien on retranche de cet accord la quinte (le Ré) en doublant la note fondamentale; par exemple:

7.e dominante en contrepoint quadruple.

Dans le N.º 2. il faut que les deux sol se résolvent par mouvement contraire sans faire deux octaves: un sol doit descendre sur ut, et l'autre doit monter au mi, soit directement soit par les notes intermédiaires comme on le voit ci-dessus.

Dans les trois autres accords de 7.º voyez N.º 5. on supprime la quinte, en doublant la tierce ou la note fondamentale, selon les circonstances.

Voici la manière de faire un contrepoint quadruple:

1.º On prend un chant de six jusqu'à douze mesures tout au plus; ce chant sera le sujet principal du contrepoint, (Voyez la partie A de l'exemple suivant.)

Ce chant peut être un morceau de plain chant si l'on veut.

2.º On introduit le second sujet après une courte pause; son chant doit différer du premier sujet, surtout en débutant. L'harmonie est en contrepoint double a l'octave jusqu'à l'entrée du troisième sujet, (voyez la partie C.)

3.º Le troisième sujet entre plus tard que le second; il doit commencer d'une manière différente que les deux précédents. L'harmonie est en contrepoint triple jusqu'à l'entrée du quatrième sujet, (voyez la partie D.)

4.º On introduit le quatrième sujet dont le début diffère de ceux des trois sujets précédents. Le quatrième sujet est quelquefois très court. C'est en partant de ce quatrième sujet que l'harmonie devient en contrepoint quadruple: les sujets peuvent se croiser. (voyez la partie B.)

Cela étant réglé, on vérifie l'harmonie en mettant successivement les quatre sujets dans la basse que l'on chiffre comme nous l'avons indiqué pour le contrepoint triple.

On fait différents renversements de ce contrepoint en le transposant dans différents tons. On peut aussi ajouter à ce contrepoint une cinquième partie d'accompagnement, pour completter plus ou moins les accords.

Voici des exemples avec le contrepoint précédent :

Voici des exemples avec une partie ajoutée:

Il est souvent fort difficile d'ajouter au contrepoint quadruple une partie de basse; des quintes et des octaves cachées y sont inévitables.

On a laissé tous ces exemples dans le même ton, parceque chacun d'eux se présente isolément; mais, en les employant dans un morceau de musique régulier, il faudrait les transposer dans différents tons, et les lier avec d'autres idées pour obtenir de la variété, comme nous en parlerons plus tard.

V

DU CONTREPOINT A LA TIERCE OU A LA DIXIÈME

On a vu à l'article du contrepoint double à l'octave que les deux parties (ou les deux sujets) se renversent l'une contre l'autre à la distance d'une octave, ou de deux octaves, ou de trois octaves, et que dans cette opération l'unisson devient octave, la seconde devient septième, et ainsi de suite. Mais quand deux parties se renversent à la distance d'une dixième de manière à ce que l'unisson se change en dixième, la seconde en neuvième, la tierce en octave &c. l'harmonie de ces deux parties s'appelle CONTREPOINT A LA DIXIÈME.

Pour que l'on soit en état de bien saisir la différence qui existe entre le contrepoint à l'octave et celui à la dixième, nous analyserons l'exemple suivant, qui a la double propriété de pouvoir se renverser à l'octave et à la dixième:

En renversant ce modèle à l'octave, on placera la partie A au dessous de la partie B, de manière à ce que les deux parties ne se croisent pas; dans cette opération les notes des deux parties resteront LES MÊMES.

En renversant le N.º 1 à la dixième, on placera également la partie A au dessous de la partie B, de manière à ce que les deux parties ne se croisent pas; mais dans cette seconde opération les notes de la partie A ne peuvent plus rester les mêmes, parceque l'ut se change en la, le si en sol, &c. par exemple.....

D'après ces explications il est clair que le contrepoint à la dixième est bien différent de celui à l'octave, comme on peut s'en convaincre en comparant le N.º 2 avec le N.º 3.

Voici le tableau en chiffres qui indique le changement d'intervalles dans le contrepoint à la dixième:

Intervalles du modèle................ 1 2 3 4 5 6 7 8 9 10
Intervalles du renversement à la dixième 10 9 8 7 6 5 4 3 2 1

On voit par ce tableau qu'aucun intervalle ne peut se répéter deux fois de suite

Pour que l'harmonie puisse se renverser à la dixième, on prescrit ce qui suit:

1.º Il faut observer le mouvement contraire chaque fois que les deux sujets changent de note en MÊME TEMPS. Ainsi quand le premier sujet monte, le contre sujet descend, et vice versa.

2.º Il faut employer souvent le mouvement oblique.

3.º L'usage de la quinte (qui devient sixte en se renversant) est recommandé dans ce contrepoint.

4.º Il ne faut pas surpasser les limites de la dixième en créant le modèle, sans quoi on s'expose à croiser les parties dans le renversement.

Il existe deux manières de chercher le contre sujet dans ce contrepoint.

Première manière.

1.º On prend trois portées A. B. C. on place le sujet principal (sujet donné, ou premier sujet) sur la portée inférieure (voyez l'exemple ci dessous.) Ce premier sujet doit contenir un chant franc, de huit mesures tout au plus, et rester autant que possible dans les cordes du mode majeur.

2.º On transpose d'une dixième plus haut le premier sujet; cette transposition se met sur la portée supérieure A.

3.º On cherche le second sujet sur la portée intermédiaire B, en consultant les deux autres portées pour que ce second sujet fasse bonne basse à la portée A, et en même temps un dessus correct à la portée C.

Le second sujet ne doit croiser ni les notes de la portée A, ni celles de la portée C.

Les intervalles suivants: L'UNISSON, LA QUINTE et L'OCTAVE, que l'on est obligé d'employer fréquemment dans ce contrepoint quoi-qu'ils ne donnent pas beaucoup d'harmonie, exigent une attention particulière.

Si le contre sujet (placé sur la portée B) fesait beaucoup de ces trois intervalles de suite avec la portée A, le Duo B.A. deviendrait vicieux, attendu que l'harmonie serait trop pauvre. La même chose aurait lieu entre les parties C.B. si le contre-sujet ne fesait que l'unisson, quinte et octave avec la portée C.

On évite cet inconvénient en ayant soin que le second sujet fasse (autant que possible) UNE TIERCE après une octave, quinte ou unisson, et cela alternativement avec la portée A, et la portée C.

Les trois portées étant réglées comme dans l'exemple précédent, elles fournissent toujours au compositeur au moins deux duos et deux trios. Le premier duo a lieu entre les parties C. B; c'est le modèle de ce contrepoint. Le second duo se fait entre les deux parties B. A; c'est le renversement du modèle. Le premier trio a lieu en exécutant les trois parties en même temps, et c'est ce qui distingue ce contrepoint de tous les autres. Le second trio s'obtient en renversant à l'octave les parties B. A. par exemple:

Outre les deux trios précédents, on peut encore obtenir les deux trios suivants: Troisième trio; On double la partie B, (c'est à dire le second sujet) par des tierces supérieures, en supprimant la partie C. par ex:

Quatrième trio; On renverse à l'octave les deux parties hautes du trio précédent. par ex:

En comparant le chant de la partie C avec celui de la partie A (Voyez le N.º 1 des exemples précédents) on trouve qu'ils ne sont pas absolument semblables, parceque l'un fait un intervalle majeur tandis que l'autre fait (au même endroit) un intervalle mineur, et vice versa. Cela provient de ce que le même chant se trouve placé sur deux degrés différents du même ton. Ces petites altérations dans l'un ou dans l'autre sujet sont indispensables dans tous les contrepoints qui ne sont pas à l'octave.

Deuxième manière de chercher le second sujet.

1.º On place le premier sujet sur la portée E.

2.º On cherche le second sujet de manière à ce qu'on puisse le DOUBLER en même temps par des dixièmes supérieures.

On place ce SECOND sujet (ainsi doublé) sur les portées F et D.

La partie E ne doit croiser ni la partie F ni la partie D, sans quoi on sortirait des limites de la dixième. F et E donnent le modèle, E et D donnent le renversement.

Ces trois parties fournissent également les deux duos et les quatre trios que nous avons indiqué plus haut. Le premier trio a lieu en éxécutant en même temps les trois parties de l'exemple N.º 5. Voici le second, le troisième, et le quatrième trio:

Les deux manières de chercher le second sujet pour le contrepoint à la dixième sont également bonnes. La première manière est plus commode et paraît plus facile que la seconde.

— On peut ajouter une ou deux parties d'accompagnement aux deux duos et aux quatre trios que ce contrepoint fournit, pourvu que l'on entende la première fois les deux sujets (ou *le modèle*) sans nulle partie accessoire. Nous donnerons ici un exemple analysé (fait avec le contrepoint précédent N.º 5) dans lequel on a employé les deux duos et les quatre trios, le tout composant un morceau régulier.

accompagnement
accompagnement
2e sujet.
premier Duo transposé en ut.
1er sujet.
1er trio.
quatrième Trio transposé en si
Partie ajoutée.

Cet exemple suffit, quant à présent, pour faire voir l'utilité de ce contrepoint. En faisant usage de cette matière dans un morceau de musique important, on peut moduler plus hardiment et couper les répercussions du contrepoint sur d'autres idées plus libres et moins sévères.

Z.55.(G)

VI

DU CONTREPOINT A LA DIXIEME A QUATRE PARTIES.

Le Contrepoint à la dixième peut être conçu de manière à ce que les deux sujets se laissent doubler simultanément par des tierces ou des dixièmes supérieures. Dans ce cas, le contrepoint à la dixième est à quatre parties. La manière la plus simple pour le trouver est la suivante:

On prend quatre portées A. B. C. D. (Voyez l'exemple ci dessous.)

1.° On place le premier sujet sur la portée D, et son double (à la dixième supérieure) sur la portée B.

2.° On cherche le second sujet (d'après la première manière indiquée dans l'article précédent) et on le place sur la portée E. On observera que le second sujet (placé sur la portée E) ne fasse nulle part une quinte avec le premier sujet (placé sur la portée B,) à moins que ces quintes soient des notes de passage. Ces deux sujets ne doivent pas faire non plus d'intervalles dissonants, sauf les notes de passage. Le second sujet, étant un si réglé, se laisse doubler par des dixièmes supérieures; on placera ce doublement du second sujet sur la portée A. Voici l'exemple sur cette proposition:

Modèle du Contrepoint à la dixième à quatre parties.

Ce Contrepoint donne (outre les deux duos et les quatre trios dont nous avons parlé dans l'article précédent, et que les trois portées D. E. B fournissent) différents quatuors, soit en mettant le premier sujet dans la basse, soit en mettant le second sujet DANS LA BASSE, comme par exemple.

---

[a] La succession de Fa# au Si♮ et celle de Si♮ au Fa#, sont inévitables là où les sujets se doublent par des dixièmes. La note sensible ne peut pas non plus y monter toujours régulièrement.

Toute cette matière ne peut s'employer et ne peut s'épuiser que dans un morceau de musique long,
dans un finale de simphonie par exemple, ou dans une fugue très développée.

VII

DU CONTREPOINT A LA QUINTE OU A LA DOUZIÈME.

On peut renverser l'harmonie à deux parties, non seulement à l'octave et à la dixième, mais aussi à la douzième; dans ce dernier cas elle s'appelle CONTREPOINT A LA DOUZIÈME.

En renversant à la douzième, l'unisson se change en douzième, la seconde en onzième, la tierce en dixième &c, comme on peut le voir par le tableau suivant:

Intervalles du modèle.... 1 2 3 4 5 6 7 8 9 10 11 12.

Intervalles du renversement 12 11 10 9 8 7 6 5 4 3 2 1.

Première Règle.

Comme la sixte (étant renversée) devient septième, il faut traiter la sixte en dissonance, la préparer (quand elle n'est pas note de passage) et la résoudre. Voici des exemples et leur renversement:

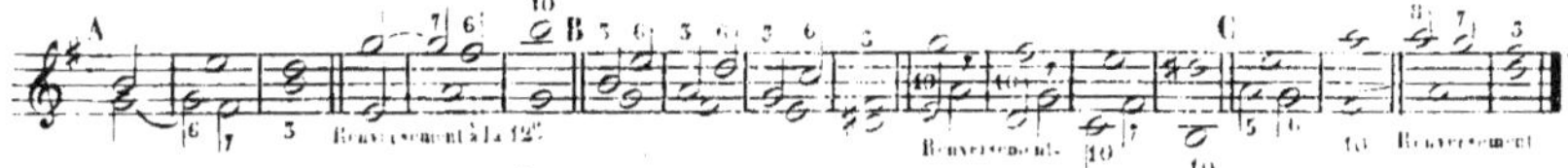

Seconde Règle.

Parmi les douze intervalles de ce contrepoint il n'y a que LA TIERCE et LA DIXIÈME que l'on puisse répéter de suite par MOUVEMENT SEMBLABLE; on ne peut non plus arriver par mouvement semblable que sur LA TIERCE et sur LA DIXIÈME. Sur les dix autres intervalles il faut arriver par MOUVEMENT CONTRAIRE; et l'on n'en peut répéter aucun de suite, si ce n'est en le frappant deux fois sur le même dégré.

Troisième Règle.

Les limites de ce contrepoint étant bornées par l'intervalle de la douzième, il ne faut pas franchir cet intervalle en créant le modèle.

Manière de chercher le second sujet à ce contrepoint.

On prend trois portées A.B.C. Voyez l'exemple ci dessous.

1°. On place le premier sujet (ou le sujet donné) sur la portée B. Ce sujet doit être simple, naturel et franc, et rester autant que possible dans LE TON MAJEUR.

2°. On cherche sur la portée C le second sujet, mais de manière à ce que le renversement de ce sujet (placé sur la portée A à la distance d'une douzième) puisse également accompagner le premier sujet quand on supprime la portée C; Exemple:

Pour rester dans les limites de la douzième, il suffit que le premier sujet (sur la portée B) ne croise pas le second sujet, ni dans le modèle, ni dans le renversement. Il est clair que la portée C doit faire bonne basse de la portée B, et celle-ci doit faire une basse correcte de la portée A. Voici un exemple analysé, où le contrepoint précédent est employé de différentes manières dans un morceau régulier.

(☼) Le premier sujet paraît ici sans être accompagné du second sujet. Cela peut se faire de temps en temps en faveur de l'harmonie et de la variété; car en n'accompagnant qu'un seul sujet, n'importe lequel, l'harmonie est plus libre, et peut être par conséquent plus variée.

Il existe une seconde manière de chercher le contre sujet pour le contrepoint à la douzième. Elle paraît plus facile que la manière précédente; nous l'indiquerons ici également, en analysant l'exemple suivant:

On place le premier sujet sur la portée C et son renversement (douzième plus haut) sur la portée A. On cherche le second sujet sur la portée B, en consultant en même temps les deux autres portées. Pour que le second sujet reste dans les limites de la douzième, il ne faut pas qu'il croise les notes de ces deux portées.

Le second sujet est en sol quand il accompagne la portée A; et il est en ut quand il accompagne la portée C. Il peut arriver que le second sujet (pour être approprié aux deux tons) fasse fa # dans le premier cas, et fa ♮ dans le second cas, ce qui est toujours permis. Voici un exemple où ce changement de fa # en fa ♮ a lieu:

Quand on désire que le renversement de ce contrepoint se fasse en ut (comme le modèle,) c'est à dire, quand on désire que le premier sujet se reproduise avec les MÊMES NOTES dans les deux cas, alors on transpose le renversement précédent tout simplement de sol en ut, par exemple:

VIII

DU CONTREPOINT A LA DOUZIÈME A QUATRE PARTIES.

Quand le contrepoint à la douzième est fait de manière à ce que l'on puisse doubler chaque sujet par des tierces et exécuter le tout en même temps, on l'appelle contrepoint à la douzième à quatre parties. Nous indiquerons la manière de le créer en analysant l'exemple suivant :

On place le premier sujet sur la portée C, et son renversement (douzième plus haut) sur la portée A.

En cherchant le second sujet (que l'on place sur la portée B) on évite les intervalles dissonnans entre les deux sujets, sauf les notes de passage, et l'on observe le mouvement contraire et le mouvement oblique.

Cela étant réglé, on sépare le modèle (qui se trouve sur les deux portées C B) de son renversement,

par Exemple :

Modèle en Sol.

Renversement en Ré.

Après cette opération, on double (DANS LES DEUX CAS) la partie haute par des tierces INFÉRIEURES, et la partie grave par des tierces SUPÉRIEURES, par exemple :

N.º 1. Le modèle précédent à quatre parties.

N.º 2. Le renversement précédent à quatre parties.

Les trois parties hautes dans le N.º 1 peuvent se renverser (à l'octave) de plusieurs manières, ce qui fournit différents quatuors en y comptant la basse qui reste toujours la même. La même chose peut avoir lieu dans le N.º 2. En supprimant dans les deux N.ᵒˢ une des parties placées sur la basse, on obtient plusieurs trios ,par exemple :

(✱) Les deux Ut dans la quatrième mesure sont deux Ut # en accompagnant la partie A. Ils sont deux Ut ♮ en accompagnant la partie C, ainsi que les dièses et les bécarres l'indiquent.

On fait peu d'usage de ce contrepoint à quatre parties, qui donne des successions d'accords assez bizarres.

Observation sur la manière de terminer les Contrepoints.

Les modèles des Contrepoints, et par conséquent aussi leur renversement, finissent le plus souvent d'une manière imparfaite; pour satisfaire l'oreille, il faut leur donner dans ce cas une suite et les enchainer à d'autres idées. Le Contrepoint s'emploie le plus souvent dans le courant d'un morceau de musique, et on n'est jamais obligé de finir un morceau par le contrepoint. Ainsi, on est libre chaque fois qu'on le desire d'ajouter quelques mesures au contrepoint. Il arrive aussi que l'on reproduit le contrepoint plusieurs fois de suite en le promenant dans différents tons, et ce n'est qu'au bout de cette répercussion qu'on lui donne une suite qui n'a rien de commun avec lui.

Z 55. (1)

Dans le dernier trio précédent, on ne pourrait pas s'arrêter sur son dernier accord; le sentiment musical exige à cet endroit une suite, pour que l'oreille soit satisfaite, par exemple:

(*) (Cette quarte, n'étant point préparée, est une licence tolerée dans les formules de cadences du style libre. Voyez notre cours d'harmonie pratique, page 17.)

Mais quand on veut terminer ou s'arrêter sur le dernier accord d'un contrepoint, il faut que cette terminaison soit satisfaisante; et dans ce cas, le compositeur est le maître de terminer le contrepoint par une cadence parfaite en créant le modele, surtout quand le contrepoint est à l'octave.

REMARQUES PARTICULIÈRES SUR LES HUIT CONTREPOINTS PRÉCÉDENTS.

Les plus utiles de tous les contrepoints que nous venons de traiter sont les suivants:

1°. Contrepoint double à l'octave.

2°. Contrepoint triple.

3°. Contrepoint à la dixième.

4°. Contrepoint à la douzième.

Et parmi ces quatre contrepoints, le premier est le plus indispensable. Le contrepoint quadruple est trop compliqué à cause de ses quatre sujets. Il a un autre désavantage qui consiste en ce que son harmonie est toujours INCOMPLÈTE, malgré les quatre parties qu'il exige. Ainsi, pour en rendre les accords complets on ne pourrait l'employer que dans un morceau à plus de quatre parties.

Quant aux trois contrepoints suivants: 1. Contrepoint à l'octave à quatre parties; 2. Contrepoint à la dixième à quatre parties; 3. Contrepoint à la douzième à quatre parties; ils sont de fort peu d'utilité, et à la rigueur on peut s'en passer. Un sujet doublé par des tierces ne donne pas deux sujets différents, sans compter qu'il faut faire des sacrifices à l'harmonie pour pouvoir doubler par des tierces les deux sujets d'un contrepoint. Ainsi, il est toujours préférable d'accompagner le contrepoint par des parties accessoires, que L'ON DESSINE LIBREMENT, que de le faire suivre servilement par des tierces ajoutées.

On emploie quelquefois l'harmonie renversable (à l'octave seulement) dans une sorte de canons dont nous parlerons plus tard. Mais dans ce cas il ne s'agit pas de faire deux, trois, ou quatre sujets.

Beaucoup de musiciens pensent que l'on ne peut faire du contrepoint que sur du plain-chant d'après l'exemple des anciens: ils sont dans l'erreur. Mozart, et surtout Haydn ont prouvé jusqu'à l'évidence que l'on pouvait mettre en contrepoint des chants de toute espece.

Le sujet principal(ou le sujet donné)n'est pas toujours le premier entrant. Chaque fois qu'il est précédé d'une pause,ou qu'il entre en levant,le contre sujet peut être le premier entrant, par exemple:

Quatre débuts d'un sujet principal.

Débuts du contre sujet.

Quand le premier sujet entre EN FRAPPANT, le contre sujet doit entrer EN LEVANT, et vice versa;cependant,cette règle peut avoir des exceptions. Dans le contrepoint triple,le troisième sujet peut entrer en frappant ou en levant. Dans le contrepoint quadruple,le troisième sujet peut entrer en frappant et le quatrieme en levant,et *vice_versa*.

Il est de l'interet du compositeur de bien SOIGNER LE MODÈLE d'un contrepoint. Si le contrepoint est vicieux, toutes les répercussions de ce contrepoint seront également vicieuses.Si le modèle est insignifiant,les travaux que l'on entreprendra avec lui seront ternes,insignifiants et privés d'interêt.

Pour faire un contrepoint correct et tant soit peu interessant, il ne faut pas précisément du génie,mais il faut un certain TACT et du GOUT.

Marpourg dans son ouvrage intitulé TRAITÉ DE LA FUGUE ET DU CONTREPOINT (*) où il ne parle pour ainsi dire que des IMITATIONS et des canons,appelle CONTREPOINTS MIXTES les différents renversements que l'on obtient en doublant par des tierces les deux sujets dans les contrepoints à l'octave,à la dixième et à la douzième.Ainsi,on fait du contrepoint mixte,dès que l'on renverse dans tous les sens l'un de ces trois contrepoints,par la raison que l'on y rencontre des renversements à l'octave,à la dixième et à la douzième.

On conçoit facilement la possibilité de créer les quatre contrepoints suivants sur un SEUL SUJET DONNÉ:

Contrepoint double à l'octave.

Contrepoint à la dixième.

Contrepoint triple.

Contrepoint à la douzième:

Ce travail est même un exercice utile et à recommander.En voici l'exemple sur le sujet suivant:

Modèle du contrepoint double à l'octave.

Il ne sera pas superflu d'indiquer ici l'origine du mot CONTREPOINT.Avant l'époque de l'invention de nos notes,on se servait de points placés les uns contre les autres pour indiquer les différentes parties dans une partition. Le talent de faire de l'harmonie en la notant de la sorte, s'appelait L'ART DU CONTREPOINT.

OBSERVATIONS SUR LE CONTREPOINT A L'OCTAVE, QUI N'EST RENVERSABLE QUE SOUS CERTAINES CONDITIONS, OU QUI EXIGE UNE BASSE DE CORRECTION.

Une harmonie à deux, à trois et même à quatre parties, est fort souvent renversable CONDITIONNELLEMENT; c'est à dire que l'on ne peut pas mettre INDIFFÉREMMENT une partie quelconque dans la basse, comme cela se fait dans le contrepoint double, triple et quadruple. Lorsque dans une harmonie ordinaire on n'a pas employé, 1°. la suspension 9; 2°. une succession de quartes par mouvement semblable; 3°. la pédale; les parties peuvent se renverser à l'octave de plusieurs manières, en gardant TOUJOURS LA MÊME BASSE: ou bien, elles peuvent se renverser à l'octave de toutes les manières possibles, en y ajoutant une basse de correction. Au moyen de cette basse on corrigera toutes les mauvaises quartes qui proviennent du renversement des quintes. Les deux mesures suivantes ne sont point en contrepoint double à l'octave, et par conséquent ne peuvent pas se renverser:

Mais en ajoutant à ce renversement une basse qui en corrige les quartes, il peut devenir bon, par exemple:

Une basse de correction est quelquefois difficile à trouver, surtout lorsqu'on l'ajoute à une harmonie riche et bien faite à trois ou à quatre parties: souvent même elle deviendrait impossible si l'on ne tolérait pas des quintes et des octaves cachées, ou bien deux quintes et deux octaves par mouvement contraire, que cette basse est forcée de faire, par ci par-là, avec les parties qu'elle accompagne.

On peut appeler, CONTREPOINT CONDITIONNEL, une harmonie dont les parties sont renversables à l'octave sur la basse, ou bien à laquelle on est obligé d'ajouter une basse de correction. Voici des exemples:

Contrepoint conditionnel à trois parties, dont seulement les deux parties hautes sont renversables.

Contrepoint conditionnel à quatre parties, dont seulement les trois parties hautes sont renversables.

Contrepoint conditionnel à cinq parties, dont seulement les quatre parties hautes sont renversables.

Dans tous les exemples précédents, comme aussi dans ceux qui suivent, aucune partie haute ne doit croiser la partie de basse; mais les parties renversables peuvent se croiser quand on le juge à propos, soit qu'on les renverse ou non; il n'est pas non plus nécessaire que chaque partie fasse un chant particulier et distinct.

Contrepoint conditionnel à deux.

Voici son renversement, transposé en sol, avec une basse de correction.

Contrepoint conditionnel à trois.

Quand les parties de cette harmonie sont disposées de manière à ce que la plus grave fournisse une bonne basse contre les deux autres (comme dans cet exemple) une basse de correction n'est pas nécessaire; mais dans les deux renversements suivants, cette basse est indispensable.

Premier renversement.

(*) La suspension 9 peut avoir lieu CONTRE LA BASSE AJOUTÉE, parce que cette dernière se doit devenir ni partie supérieure ni partie intermediaire.

Contrepoint conditionnel à quatre.
A
B
C
D
Premier renversement.
B
D
A
C
Basse de correction.
Second renversement, transposé en La.
D
C
B
A
Basse de correction.

Z. 55.(1)

Le contrepoint conditionnel n'a pas le mérite des contrepoints doubles, triples et quadruples, que nous avons traités, et dans lesquels chaque partie fournit une basse correcte. Aussi n'est il pas à beaucoup près si estimé que ces derniers. Cependant, le contrepoint conditionnel rend service à la musique, et on peut l'employer avec succès 1º dans la musique théâtrale, surtout dans les morceaux d'ensemble; 2º dans la plus grande partie de la musique instrumentale, surtout dans l'orchestre; 3º dans une sorte de canons à voix inégales, dont nous parlerons plus bas; 4º comme l'un des moyens qui contribuent au développement des idées, dont nous parlerons dans le dernier livre de cet ouvrage.

IX

NOTICE SUR L'HARMONIE RENVERSABLE A LA NEUVIÈME, A LA ONZIÈME, A LA TREIZIÈME, ET A LA QUATORZIÈME.

Nous n'avons parlé jusque- ici que des renversements a l'octave, à la dixième et à la douzième: il nous reste encore à expliquer ce que l'on doit entendre par CONTREPOINT à la neuvième, à la onzième, à la treizième, et à la quatorzième.

Différents auteurs ont parlé anciennement de ces quatre contrepoints, mais l'expérience a démontré leur peu d'utilité. En effet, leur seul but n'est que le renversement de l'harmonie à deux parties; mais on atteint ce but d'une manière plus facile, plus naturelle, plus parfaite et plus satisfaisante avec les contrepoints à la dixième, à la douzième et surtout à l'octave. Ainsi ces quatre contrepoints ne sont qu'un surcroît de difficultés futiles. C'est par cette raison qu'aucune école moderne n'en fait pas même mention; on ignore généralement leur existence.

Pour satisfaire la curiosité des artistes, nous indiquerons ici ces quatre nouveaux renversements, en donnant un exemple sur chacun.

1. Contrepoint à la seconde ou neuvième.

1, 2, 3, 4, 5, 6, 7, 8, 9,

9, 8, 7, 6, 5, 4, 3, 2, 1,

L'intervalle de la neuvième sert de borne à ce contrepoint. On n'y trouve que la quinte qui puisse servir pour commencer, pour finir et pour préparer les intervalles dissonnants qui ne sont pas notes de passage.

A B est le modèle de ce contrepoint, et B C est le renversement. Voici l'un et l'autre avec la basse chiffrée pour en rendre l'harmonie plus claire:

La terminaison n'est pas satisfaisante dans ces sortes de contrepoint, comme on le voit dans les exemples précédents; mais on est libre d'y ajouter une suite (appelée CODA par les italiens) pour contenter l'oreille. Cette coda n'a d'ailleurs rien de commun avec le contrepoint.

(*) Ce Fa ♯ n'est qu'un retard de Sol. On frappe l'accord parfait de Sol sur ce Fa ♯.

2. Contrepoint à la quarte ou onzième.

L'intervalle de la onzième sert de borne à ce contrepoint.

La sixte est le seul intervalle dans ce contrepoint, pour commencer, pour finir et pour préparer les dissonances, qui ne sont pas notes de passage.

A B est le modèle, et B C est le renversement. Voici l'un et l'autre avec la basse chiffrée :

On ne peut pas commencer un morceau par un contrepoint semblable; on ne pourrait l'introduire que dans le courant d'un morceau, où il est indifférent de commencer ou de finir le contrepoint par quelque accord que ce soit, pourvu que le compositeur fasse une bonne succession d'accords.

____

(✿) On peut prendre Sol ♮ ou Sol ♯, selon l'harmonie qui accompagne ce chant.

3. Contrepoint à la sixte ou à la treizième.

1, 2, 3, 4, 5, 6, 7, 8, 9, 10, 11, 12, 13,
13, 12, 11, 10, 9, 8, 7, 6, 5, 4, 3, 2, 1.

L'intervalle de la treizième sert de borne à ce contrepoint.

Ce contrepoint offre quatre intervalles consonnants, qui restent également consonnants étant renversés. Ces quatre intervalles sont: l'unisson, la sixte, l'octave et la treizième.

A B est le modèle, et B C est le renversement. Voici l'un et l'autre avec la basse chiffrée:

Si une longue suite de sixtes entre la basse et une partie haute n'était pas insipide, (lorsque les sixtes ne sont pas accompagnées par des tierces) on pourrait exécuter en même temps les trois parties A B C; mais en mettant la partie A dans la basse, ce trio peut avoir lieu, par exemple:

Le contrepoint à la treizième a beaucoup de rapport avec le contrepoint à la dixième. On pourrait tirer un parti avantageux du premier, si le second ne le remplaçait pas.

4. Contrepoint à la septième ou à la quatorzième.

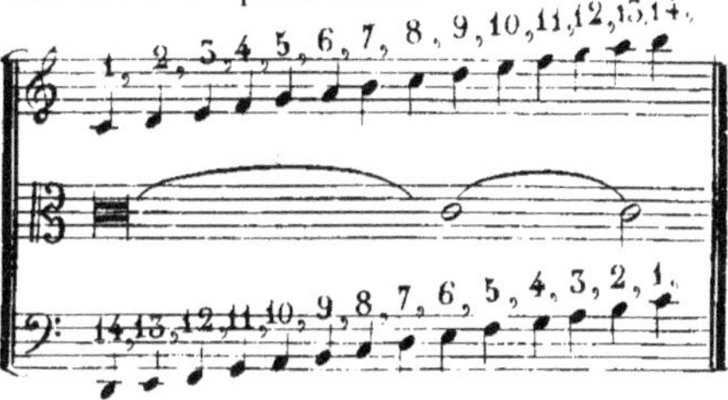

1, 2, 3, 4, 5, 6, 7, 8, 9, 10, 11, 12, 13, 14,

14, 13, 12, 11, 10, 9, 8, 7, 6, 5, 4, 3, 2, 1

L'intervalle de la quatorzième sert de borne à ce contrepoint.

Ce contrepoint n'a au fond que   1, 2, 3, 4, 5, 6, 7,
sept intervalles différents, qui sont :   7, 6, 5, 4, 3, 2, 1

Car les sept autres ne sont que la répétition des précédents, à la différence d'une octave.

Il y a deux intervalles qui peuvent servir pour commencer, pour finir et pour préparer les dissonnances, qui ne sont pas notes de passage; ces deux intervalles sont la tierce, ou la dixième, et la quinte, ou la douzième.

Exemple.

A B est le modèle, et B C est le renversement. Voici l'un et l'autre avec la basse chiffrée :

Modèle.

Renversement.

Il faut, en créant ces contrepoints, adopter une manière particulière d'enchaîner les accords: il faut y ajouter le plus souvent une ou deux parties d'accompagnement, pour en rendre l'harmonie claire et compréhensible.

Il arrive parfois, en cherchant des imitations et des progressions (comme aussi des stretto dans la fugue) que l'on trouve accidentellement des renversements à la seconde, ou à la quarte, ou à la sixte, ou bien à la septième. Il est bon dans ce cas de connaître ces quatre sortes de contrepoints, et de pouvoir s'en RENDRE COMPTE.

X

DU CONTREPOINT RENVERSABLE PAR MOUVEMENT CONTRAIRE,
ET DU CONTREPOINT PAR MOUVEMENT RÉTROGRADE.

Des essais de pure curiosité, ou plutôt des abus de l'art, ont eu lieu dans tous les temps. Le goût purifié, le bon sens et l'esprit éclairé par l'expérience les ont bannis. Parmi ces objets on peut compter le contrepoint renversable par mouvement contraire, et celui par mouvement rétrograde, inventés dans un temps où la composition musicale n'était autre chose qu'un calcul arithmétique. Aussi nous ne dirons sur ces deux contrepoints que ce qu'il faut en dire pour les connaitre.

1° Du contrepoint ou de l'harmonie renversable par mouvement contraire.

On imite (ou plutôt on répète) un chant par mouvement contraire de la manière suivante: Chant A

Même chant par mouvement contraire. B   ou bien C

En comparant la portée B avec la portée A, on trouve que les deux parties font les mêmes intervalles et les mêmes valeurs de notes, sauf, qu'une partie monte quand l'autre descend, et vice-versa. A cette différence près, tout le reste est la même chose.

L'imitation sur la portée C est encore plus exacte, par la raison que les $\frac{1}{2}$ tons se correspondent aux mêmes endroits, comme nous l'avons indiqué.

Cette manière d'imiter un chant par mouvement contraire peut être utile dans beaucoup d'occasions, comme on le verra par la suite.

Le contrepoint par mouvement contraire est celui où les parties, en se renversant, s'imitent en même temps par mouvement contraire, par exemple:

Modèle du contrepoint.   Renversement par mouvement contraire du modèle précédent.

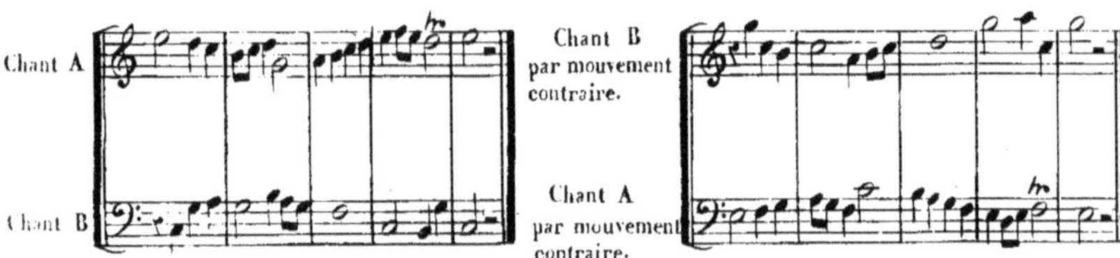

2? Du contrepoint par mouvement rétrograde.

Le mouvement rétrograde est la reprise à rebours d'un chant.

Il est clair que ce chant doit être conçu de manière à ce qu'on puisse le chanter non seulement du commencement a la fin, mais aussi de la fin au commencement. Le chant suivant renferme cette double qualité:

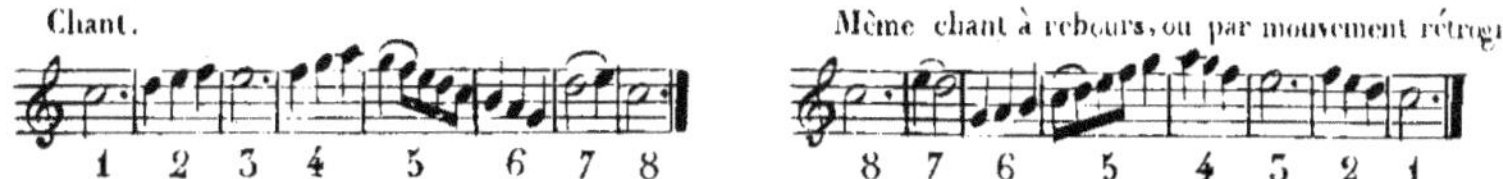

Quand l'harmonie à deux parties peut s'exécuter de cette double manière, elle s'appelle harmonie par mouvement rétrograde; par exemple:

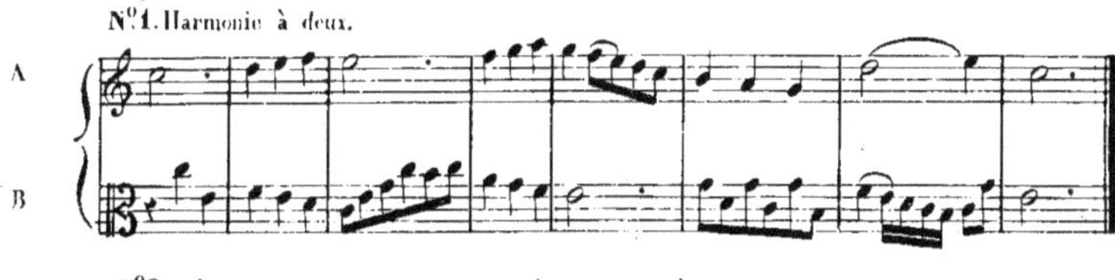

En exécutant le N? 1 à rebours, on peut se passer de N? 2.

Quand l'harmonie par mouvement rétrograde est en même temps renversable, elle s'appelle CONTREPOINT PAR MOUVEMENT RÉTROGRADE, par exemple:

Un contrepoint par mouvement rétrograde, peut etre en meme temps par mouvement contraire: dans ce cas il s'appelle CONTREPOINT PAR MOUVEMENT RÉTROGRADE ET CONTRAIRE. En voici un exemple.

Modèle.

Renversement par mouvement rétrograde et contraire.

Il est évident que l'oreille la mieux exercée est hors d'état de pouvoir saisir, deviner, et encore moins apprécier ces sortes de combinaisons: ainsi, c'est de la musique faite pour les yeux, ou tout au plus pour amuser un instant l'esprit, qui finit toujours par mépriser ces sortes de combinaisons, qui n'ont point un but raisonnable.

Nous avons plusieurs fois répété que le contrepoint ne devient intéressant que par l'usage heureux que l'on en fait: il est donc important de consacrer l'article suivant à l'emploi des cinq contrepoints principaux.

XI

DE L'EMPLOI DES CINQ CONTREPOINTS PRINCIPAUX,

QUI SONT: LES CONTREPOINTS A L'OCTAVE, DOUBLE, TRIPLE ET QUADRUPLE;
LE CONTREPOINT A LA DIXIÈME, ET CELUI A LA DOUZIÈME.

1 Contrepoint double à l'octave.

Le contrepoint à l'octave est le plus usité, le plus nécessaire et le plus indispensable.

On exige de nos jours que l'on produise de l'effet en employant un contrepoint quelconque. Si un compositeur n'a pas assez de génie pour atteindre ce but, il fera bien de ne pas user du contrepoint. En effet, ce n'est pas le modèle du contrepoint, composé d'une douzaine de mesures, qui peut interesser l'auditeur; un tel modèle sans développement peut être comparé a un acteur muet; pour que cet acteur devienne un personnage interessant, il faut le mettre en scène, en situation, tracer et dessiner son caractère; il en est de meme du contrepoint, qui ne produit d'effet réel que par le développement bien entendu qu'on lui donne.

On à manqué son but dans tous les traités où l'on parle du contrepoint, en ce qu'on à négligé de montrer d'une manière satisfaisante les vraies ressources que cette matiere offre: ce qui est la cause que le public n'a jamais eu une idée juste de l'harmonie renversable et de son utilité Voici par exemple un modèle d'un contrepoint double à l'octave:

Ce modèle de quatre mesures en donne huit en comptant son renversement. Voici à peu près tout ce que l'on sait assez generalement; mais que faire avec huit mesures se demande-t-on, si l'on n'en a pas d'avantage? elles peuvent servir, comme il suit,

1º A faire un canon pour deux voix inégales, comme nous le verrons en traitant des canons.

2º A faire une fugue DOUBLE toute entière à deux, à trois, ou à quatre parties, ce que nous montrerons également, en traitant les fugues doubles. Mais ce qui est plus important de nos jours, c'est qu'on peut les employer

3º Dans le courant (principalement dans la seconde partie) d'un morceau de Symphonie, d'Ouverture, de Quintetto, de Quatuor &c. &c. où l'on en peut tirer un parti très avantageux, comme par exemple:

Fragment d'un morceau de symphonie à grand orchestre, fait tout entier avec le contrepoint précédent. (*)

(Voyez la page suivante.)

(*) Ce fragment, étant placé dans la seconde partie du morceau, suppose que le premier ou second sujet du contrepoint, (ou bien les deux) ont été entendus précédemment dans la première partie de ce morceau. Sans cette précaution les auditeurs ne sauraient pas ce qu'il signifie; il leur paraitrait étranger au morceau, un vrai hors d'oeuvre, ce qui serait une faute de la part du compositeur. Pour approprier ce travail au morceau, il suffit que les quatre mesures FASSENT PARTIE du MOTIF de ce dernier.

Allo assai. ♩ = 120 m.
2 Flutes.
2 Haut-bois.
2 Clarinettes en Ut.
2 Cors en Fa.
2 Cors en Ré.
2 Bassons.
1er Violon.
2e Violon.
Alto.
Vlles et C.B.
F

a deux
a deux
a deux
a deux
a deux
a deux
FF
FF
FF
Z.55.(1)

F
a deux
a deux
a deux
a deux

Fz
Fz

146

Ce fragment est composé de soixante-dix-sept mesures à effet, dont l'origine est un contrepoint de quatre mesures. Voici un autre modèle d'un contrepoint double à l'octave:

Ce modèle est trop long (et le mouvement de la mesure trop lent) pour en faire un usage semblable au modèle précédent en UT, qui est court et du mouvement allegro. Mais le modèle ci-dessus peut servir à faire un andante tout entier d'un quatuor, d'un quintetto &c, d'après le plan suivant:

On prendra ce contrepoint pour le motif de l'andante, en y ajoutant une ou deux parties d'accompagnement.—On renversera le contrepoint.—On variera l'une ou l'autre partie du contrepoint, ou bien toutes les deux simultanément, plus ou moins.—On renversera le contrepoint varié.—On variera le contrepoint d'une autre manière.—On renversera cette seconde variation. Pendant toute cette opération, deux parties ajoutées accompagneront le contrepoint pour en rendre l'harmonie plus complète, plus variée et par conséquent plus intéressante. Voici l'exemple, où le contrepoint se trouve constamment entre les deux parties extrèmes:

Z. 55. (1)

Voici un troisième modèle d'un contrepoint:

Andante.

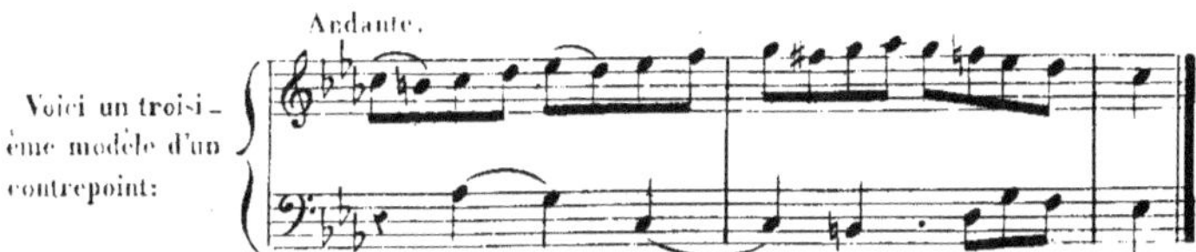

En promenant ce contrepoint sans cesse dans différents tons, et entre les quatre parties d'un quatuor (dont deux servent alternativement à l'accompagner,) on peut obtenir le morceau suivant:

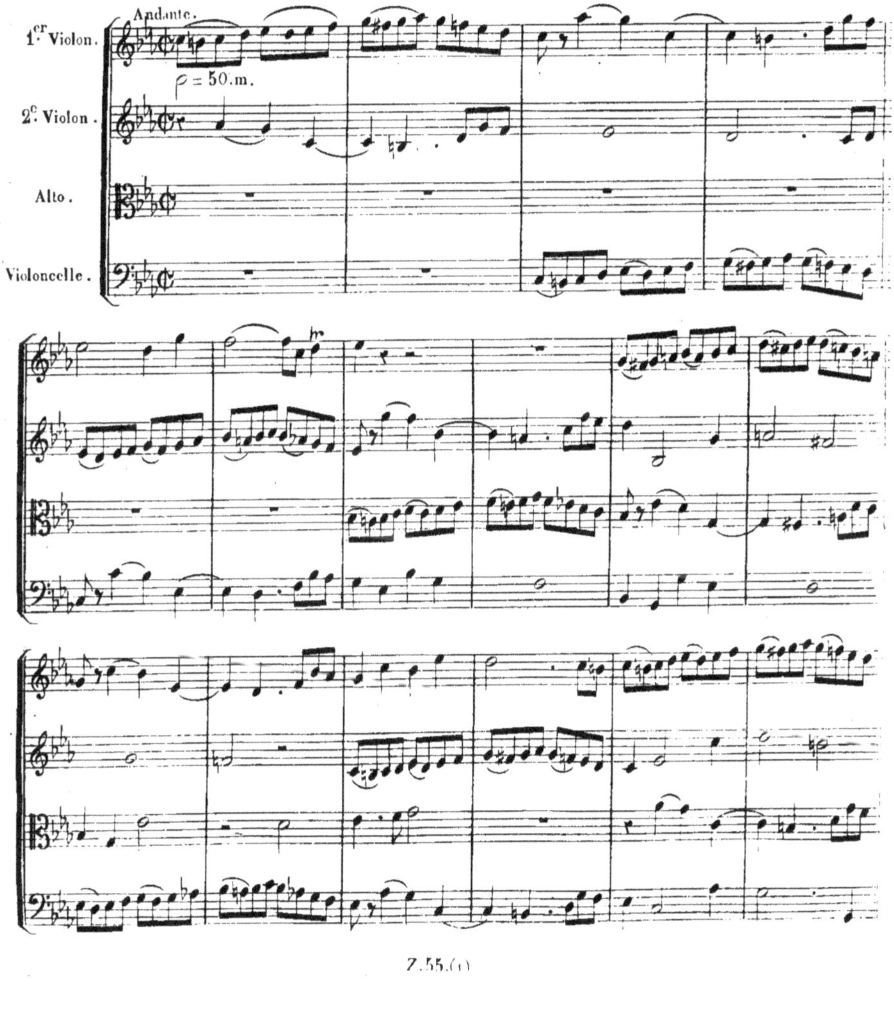
Andante.
1.er Violon.
𝅗𝅥 = 50.m.
2.e Violon.
Alto.
Violoncelle.

cres
F
cres
F
p
p
p

Lorsque le contrepoint est fort court (d'une ou de deux mesures) il peut servir à des marches harmoniques (ou progressions) renversables, dont l'usage est bon dans toute sorte de musique. Le modèle suivant:

Donne entr'autres les progressions ci-dessous.

(*) Un modèle (ou contrepoint) aussi court, n'est souvent qu'une parcelle d'un contrepoint plus grand; on détache l'une
ou l'autre parcelle d'un contrepoint pour en tirer parti.

Avec le modèle suivant

on fait les progressions suivantes:

Voici un autre modèle, suivi. de ses progressions:

Voici encore un autre modèle
d'une mesure seulement

qui donne les progressions suivantes:

2. Contrepoint triple.

Un contrepoint (n'importe lequel) est conçu ou dans le style rigoureux, ou dans le style libre. Il doit être dans le style rigoureux: 1° Lorsqu'il est destiné à la musique d'église, exécutée par des chœurs sans accompagnement d'orchestre; 2° Pour réaliser des propositions dans les concours de composition; 3° En faisant de la musique d'école. Le contrepoint est dans le style moderne, ou libre, quand on compose soit pour des instrumens, soit pour les théâtres, soit pour les salons, et souvent même en faisant de la musique d'église, accompagnée de l'orchestre.

Voici sept modèles du contrepoint triple dans le style RIGOUREUX:

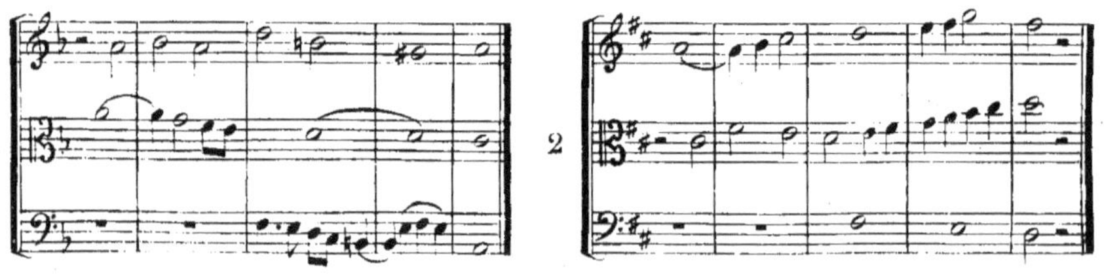

Chacun de ces sept exemples peut servir 1º. A faire une fugue vocale à trois sujets (comme nous le verrons dans le quatrième livre;) 2º. A être employé dans un chœur, dans quel cas on en tire parti plus ou moins, en le reproduisant sans renversement et dans ses différents renversements, le tout en différents tons. Ces répercussions d'un contrepoint doivent être séparées les unes des autres par d'autres idées, car dans un chœur qui ne serait composé que de répercussions le contrepoint finirait par devenir monotone, surtout si le chœur était d'une certaine étendue.

(*) Le second sujet est ici le sujet donné; il est le deuxième parce qu'il entre plus tard que son premier contre sujet.

Voici dix exemples dans le style moderne pour la musique instrumentale:

Sur le même sujet de basse

Tout ce que nous avons dit sur l'emploi du contrepoint double est applicable au contrepoint triple; à l'exception seulement que l'on en fait beaucoup moins usage parce qu'il est plus compliqué et plus difficile à saisir pour les auditeurs que le contrepoint double.

Z. 55.(1)

Remarque générale sur l'emploi du contrepoint.

Un compositeur, un harmoniste habile, un bon praticien enfin n'est jamais embarrassé d'employer le contrepoint double ou triple: il existe fort peu de productions ou l'on ne puisse en faire usage plus ou moins. Je suppose qu'un auteur fasse, par exemple, le final d'un quatuor ou d'une symphonie, et qu'il lui vienne dans l'idée d'employer le contrepoint triple dans ce final: il commencera par créer le modèle de son contrepoint, dont le principal sujet sera pris dans le motif de son morceau pour assimiler le contrepoint aux autres idées: cela étant fait, il cherchera les endroits favorables à la répercussion de son contrepoint; il dialoguera ces répercussions avec d'autres idées pour donner une variété suffisante à son morceau; si le tout ensemble produit de l'effet, son but sera atteint.

En 1819 on donna aux élèves (au concours de l'institut pour le prix de composition musicale) le sujet de fugue suivant, pour ajouter à ce sujet deux autres sujets:

Comme ce sujet présente quelques difficultés sous le rapport du contrepoint triple, nous donnerons ici les six exemples suivants du contrepoint triple sur ce même sujet:

3. Contrepoint quadruple.

Voici six Modèles du Contrepoint quadruple dans le style rigoureux, sauf le cinquième qui est plus dans le style moderne. On les emploira comme les exemples en contrepoint triple du style rigoureux.

Voici trois exemples du Contrepoint quadruple dans le style moderne; on a ajouté à chaque exemple les trois renversements principaux du contrepoint. Ces contrepoints sont pour la musique instrumentale.[*]

N.º 1.

[*] Pour pouvoir figurer chaque sujet d'une manière particulière, on est obligé de tolérer de temps en temps les octaves cachées ainsi que deux octaves par mouvement contraire dans le contrepoint quadruple pour la musique instrumentale.

Deuxieme renversement.
Troisieme renversement.
N°2.

Premier renversement.
Second renversement.
Troisieme renversement.
N.º 3.
Z.55.(1)

Les élèves ont ordinairement de la peine à faire un contrepoint quadruple: pour se faciliter ce travail, ils n'ont qu'à observer ce qui suit:

On fait une harmonie à quatre parties en accords plaqués, mais de manière à ce que chaque partie ne fasse d'autres intervalles (en la comparant avec les trois autres parties) que tierce, ou sixte, ou octave, ou quinte DIMI-NUÉE (se résolvant en descendant) ou quarte AUGMENTÉE (se résolvant en montant.) Cette harmonie ainsi conçue, sera en contrepoint quadruple. Par exemple:

Cela étant fait, on varie (au moyen de notes de passage) plus ou moins chaque partie pour obtenir des chants différents; voici trois exemples de cette sorte de variations:

Z. 55. (1)

La variation **N.º 3** est la plus avantageuse, parce que chaque partie s'y distingue par un chant particulier, ce qui rend les renversements de cet exemple plus piquants.

L'emploi d'un contrepoint n'est jamais de rigueur que dans les cas où le compositeur veut, ou doit renverser son harmonie. Ainsi par exemple, la fugue à deux sujets exige le contrepoint double, soit à l'octave, soit à la dixième ou à la douzième; la fugue à trois sujets exige le contrepoint triple; la fugue à quatre sujets exige le contrepoint quadruple.

Z. 55. (1)

4. Contrepoint à la dixième.

Le contrepoint à la dixième est aussi bien dans la nature que celui à l'octave, mais on ne s'en sert presque plus de nos jours. En vain l'on objectera que le contrepoint à l'octave peut remplacer celui à la dixième; sans doute, les deux contrepoints donnent les mêmes résultats, mais les effets de l'un et de l'autre sont bien différents. Nous donnerons ici un exemple de l'emploi du contrepoint à la dixième 1 (*) dont voici le modèle avec son renversement:

A-B est le modèle, B-C en est le renversement: cet exemple offre la matière suivante:

1.° Le duo A-B.

2.° Le duo B-C.

3.° Le trio A-B C.

4.° Le trio, en mettant la partie B au dessus de la partie A, et en gardant la partie C dans le grave, par conséquent B-A-C.

5.° Le trio, en doublant la partie A par des tierces supérieures et en mettant la partie B dans la basse ou dans le dessus.

6.° Comme les parties A-B se trouvent dans cet exemple accidentellement en contrepoint à l'octave, on obtient un troisième duo, qui est B-A en mettant A dans la basse.

7.° Le trio, en mettant la partie A dans la basse, la partie B dans le dessus et la partie C au milieu.

Il s'agit maintenant d'employer avec effet cette matière dans le courant d'un morceau de musique, comme par exemple:

FRAGMENT d'un morceau de symphonie à grand orchestre dont le motif (ou une parcelle de motif) serait

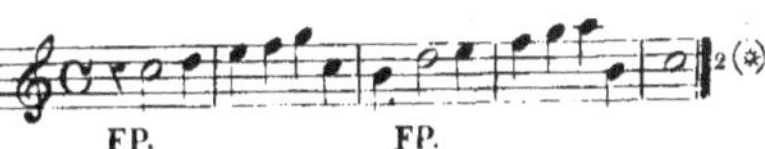

(Voyez la page suivante).

---

1 (*) Ou à la dix-septième, c'est à dire octave plus bas ou plus haut qu'à la dixième; ce qui peut avoir lieu lorsqu'on destine ce contrepoint pour les instruments, qui jouissent d'une plus grande étendue que les voix, comme tout le monde le sait.

2 (*) Pour pouvoir faire un usage très fréquent d'un contrepoint (tel qu'on le trouve dans ce fragment) il faut que le modèle du contrepoint soit COURT: deux, trois, ou quatre mesures suffisent. Un contrepoint long n'est jamais propre à une répercussion trop fréquente; il exige un tout autre emploi.

Allegro vivace. ♩ = 128.m.
Flutes.
Haut-Bois.
Clarinettes en Ut.
Cors en Fa.
Cors en Ut.
Bassons.
1er. Violon.
2e. Violon.
Alto.
Vlles et C.B.
a deux
FP
F a deux
a deux
FP
FP
F
a deux
a deux
F
F
Z..55.(1)

a deux
a deux
Z..55.(1)

a deux
Col Oboe
a deux
F
F
F
a deux
Col Basso
F
F
P
P
P
Col Oboe

169
solo
FP
FP
FP
FP
FP
FP
FP
FP
a deux
F
a deux
Col Oboe
a deux
F
a deux
F
FP
FP
F
F
2.55.(1)

F
al 8va Col 1o
Col Basso
a deux
F a deux
F a deux
Col Oboe
F a deux
a deux
al 8va Col 1o
Col Basso

Z.55.(1)

2.55.(1)

Outre l'emploi (dont nous venons de donner l'exemple) du contrepoint à la dixième, on fait aussi des fugues doubles, dont les deux sujets sont dans ce contrepoint. Au reste, ce ne sont jamais les occasions qui manquent à un contrepoint quelconque; elles se présentent fréquemment à l'homme de génie qui connaît toutes les ressources de son art.

Voici encore quelques modèles du contrepoint à la dixième:

Dans les six exemples précédents les parties A B contiennent le contrepoint dont le renversement a lieu entre les parties B C; les trois parties peuvent partout aussi s'exécuter en même temps, soit que la partie B demeure partie intermédiaire, soit qu'elle devienne partie supérieure.

5. Contrepoint à la douzième.

Le contrepoint à la douzième est moins riche que celui à la dixième. Ce qui n'empêche pas d'en tirer également un parti avantageux comme nous le verrons.

Voici un modèle de ce contrepoint:

Les quatre notes du premier sujet ont servi au motif du final de la grande symphonie en Ut de Mozart.

Z. 55. (1)

Lorsqu'on désire faire un travail important avec un semblable contrepoint, on commence par l'examiner a-
vec attention, pour découvrir s'il ne renfermerait pas quelques propriétés particulières (sous le rapport de l'harmonie) abstraction faite de son renversement à la douzième: d'après un examen semblable on trouve

1°. Que le contrepoint précédent N°. 1 est en même temps renversable à l'octave, par exemple:

2°. Que dans ce dernier cas on peut doubler le premier sujet par des tierces supérieures, par exemple:

3°. Que N°. 2 du modèle est également renversable à l'octave et que le second sujet peut se doubler par des
tierces supérieures, comme par exemple dans la transposisition suivante de N°. 2:

4°. Que l'on peut employer le premier sujet
par mouvement contraire, conjointement avec le
premier sujet dans son mouvement primitif:

5°. Que l'on peut imiter le premier sujet
à la distance de deux mesures, par exemple:

6°. Que l'on peut aussi imiter le premier
sujet à la distance d'une mesure, par exemple:

Ces propriétés étant trouvées, le compositeur cherchera à placer toute cette matière, convenablement et avec effet
dans le courant d'un morceau de musique, qui pourrait contenir un semblable travail: ce morceau serait par exemple, une ouverture, ou un allegro (soit le premier ou le dernier) d'une symphonie, d'un quatuor, d'un quintetto, &c.

L'exemple suivant est un fragment d'une ouverture, ou d'un morceau de symphonie à grand orchestre. Presque tout
ce fragment est fait avec les deux sujets du contrepoint précédent.

Fragment d'une Ouverture.

à deux
à deux
à deux
à deux
à deux
à deux
à deux
2..55.(1)

col Bassi
a deux
a deux
a deux
a deux

178
col Oboe
a deux
a deux
a deux
a deux

175
à deux
à deux
à deux
F
F
Col Bassi

à deux
à deux
à deux
Col-Oboe
à deux
à deux
à deux

L'emploi précédent d'un contrepoint à la douzième est le plus important. On fait aussi des fugues doubles, dont les deux sujets sont dans ce contrepoint. Au reste, nous avons déjà observé que les occasions de placer avantageusement un contrepoint quelconque ne manquent jamais à un homme de talent. Voici par exemple un marche funèbre, où l'on ne se douterait pas de trouver un contrepoint à la douzième, qui cependant y est employé, comme on peut le voir par le modèle suivant:

Contrepoint à la douzième.

Voici quelques exemples du contrepoint à la douzième, dont les trois premiers pour les instruments, et le quatrième pour des voix.

Nous avons démontré jusqu'à l'évidence l'utilité et l'importance des cinq contrepoints principaux. Nous terminerons par la remarque suivante:

Il ne faut pas un talent bien marquant pour inventer le modèle d'un contrepoint quelconque; l'exercice et l'habitude de quelques mois seulement suffisent pour y parvenir, surtout sous la direction d'un maître habile; mais il faut de la capacité de l'imagination et des moyens beaucoup plus étendus, pour faire un usage heureux du contrepoint et l'employer avec succès.

LIVRE TROISIEME.

I

DES IMITATIONS.

Le mot imitation a un sens particulier lorsqu'on le considère sous le rapport harmonique. Envisagée sous ce rapport, l'imitation n'est autre chose qu'une REPRODUCTION ou RÉPERCUSSION d'un chant, d'une phrase, d'un trait, d'un dessin mélodique de quelques notes, souvent même d'une gamme, ou parcelle de gamme. Cette répercussion plus ou moins SERRÉE, doit avoir lieu entre différentes parties, n'importe leur nombre. On obtient donc une imitation en faisant reprendre le chant d'une partie par une autre partie. Cela peut se faire, en général, des deux manières suivantes:

1.º Une partie fait entendre un chant: lorsqu'il est terminé, une seconde partie reproduit le même chant entièrement ou par parcelle à l'unisson ou à un autre intervalle quelconque, soit en modulant, soit en restant dans le même ton. Nous nommerons ces imitations, IMITATIONS ORDINAIRES; elles sont faciles à trouver, c'est par cette raison qu'elles sont moins estimées que celles que nous allons faire connaître.

2.º Une partie fait entendre un chant; avant qu'il soit terminé, une seconde partie reproduit le même chant à un intervalle quelconque, et à une distance plus ou moins rapprochée. Ces dernières imitations exigent plus de talent et plus d'adresse de la part du compositeur; nous les nommerons IMITATIONS SCIENTIFIQUES.

Voici un chant de six mesures: 

Si une seconde partie reproduit ce chant en partant de la sixième mesure, l'imitation est ordinaire.
par exemple:

Mais si la partie imitante entre déjà à la troisième mesure, l'imitation est scientifique,
par exemple:

/ 33. (1)

L'imitation de l'exemple précédent N°. 2 est à la quinte inférieure, c'est à dire que la partie B reproduit le chant de la partie A une quinte (ou une douzième) plus bas. Cette sorte d'imitation peut d'ailleurs se faire, selon que l'harmonie le permet, à l'unisson, ou à la seconde, ou à la tierce, ou à la quarte, ou à la quinte, ou à la sixte, ou à la septième, ou à l'octave tant inférieures que supérieures. En renversant l'exemple précédent, la même imitation serait à la quarte supérieure, parce que le chant de la partie B est une quarte (ou une onzième) plus haut que le chant de la partie A.

La partie imitante peut être plus haute ou plus basse que la partie imitée. Le hazard fait que N°. 2 est renversable. On ne peut pas exiger cette qualité dans chaque imitation: une imitation est bonne dès que l'harmonie en est correcte, n'importe qu'elle soit renversable ou non. La distance à laquelle entre la partie imitante est arbitraire; (ainsi on aurait pu imiter le chant précédent en partant de la seconde ou de la quatrième mesure, au lieu de le faire en partant de la troisième,) pourvu que l'harmonie le permette. Ainsi, il ne dépend pas d'un compositeur de faire une imitation à TELLE distance et à TEL intervalle parce que l'harmonie peut s'y opposer. Il est certain qu'un harmoniste habile trouvera des imitations là où des personnes moins expérimentées ou moins versées dans l'harmonie les chercheront en vain. Pour en donner une idée, nous présenterons ici différentes imitations analysées sur le chant précédent qui du reste a été pris au hazard. Ces exemples serviront en même temps à donner une idée juste des ressources que les imitations offrent aux compositeurs. Comme ces imitations ne s'employent pas seulement dans l'harmonie à deux parties, mais aussi dans celle à trois et à quatre et à plus de quatre parties, nous donnerons ces exemples à quatre parties, par la raison que beaucoup d'imitations ne pourraient pas avoir lieu si elles n'étaient pas accompagnées par des parties accessoires pour rendre l'harmonie plus claire et sur tout correcte.

Quand l'imitation n'est pas à l'octave ou à l'unisson, la partie imitante peut faire un demi-ton là où la partie imitée fait un ton entier et vice-versa, comme on le voit dans cet exemple. La partie A ne fait pas non plus le motif tout entier, parce que cet exemple n'est pas un CANON, mais simplement une imitation que l'on peut interrompre où l'on veut. (Nous traiterons des canons dans l'article suivant.)

Cette imitation est interrompue dans la quatrième mesure, parce qu'elle ne peut pas continuer sans une faute d'harmonie.

Cet exemple est déjà plus qu'une simple imitation; c'est plutôt un canon, en ce que le motif y est imité depuis un bout jusqu'à l'autre.

Pour éviter deux quintes défendues dans la cinquième mesure, il faut dans cet exemple que la partie imitante soit plus basse que la partie imitée. La quarte (Ut et Fa) entre ces deux parties doit être corrigée par l'accompagnement.

Souvent aussi on n'imite qu'une parcelle du motif; mais on reproduit cette parcelle dans toutes les parties accompagnantes. On cherche ces imitations de la manière suivante:

Cela étant trouvé, on accompagne le tout par l'harmonie à trois ou à quatre parties, en faisant précéder chaque imitation par une pause pour la rendre plus sensible; par exemple:

Ce travail ne se fait pas toujours avec la tête du motif: on peut aussi l'entreprendre avec une autre partie du même motif: ainsi dans l'exemple suivant les imitations se font seulement avec la seconde mesure.

Ce qu'on accompagnera par l'harmonie à trois ou à quatre parties; par exemple:

On n'imite pas toujours par MOUVEMENT SEMBLABLE seulement, mais aussi quelquefois par MOUVEMENT CON-TRAIRE. On se rappellera ici ce que nous avons dit page 158 concernant les chants par mouvement contrai-re. Les imitations, dans les dix exemples précédents, sont toutes par mouvement semblable. Voici des exemples sur l'imi-tation par mouvement contraire:

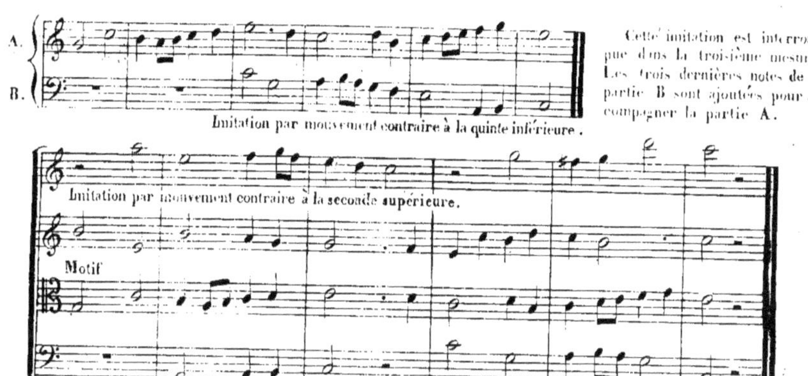

Imitation par mouvement contraire à la quinte inférieure.

Imitation par mouvement contraire à la seconde supérieure.

Autre imitation par mouvement contraire.

Il est clair que les imitations par mouvement contraire peuvent se faire à un intervalle quelconque, pour-vu que l'harmonie le permette.

Un chant s'imite en AUGMENTATION quand la partie imitante double les valeurs des notes; par exemple:

Imitation en augmentation à la quinte inférieure.

Imitation en augmentation à la quinte supérieure.

Z. 55. (1)

188

Un chant s'imite en DIMINUTION, quand la partie imitante diminue les valeurs des notes; cette diminution est ordinairement de moitié, par exemple:

On imite un chant en augmentation lorsqu'il est composé de notes de courtes valeurs, ou lorsque le mouvement de la mesure en est accéléré. On imite un chant en diminution quand les valeurs de notes sont un peu longues, ou quand le mouvement de la mesure n'est pas vif. En général on fait peu d'usage des imitation par mouvement contraire, encore moins de celles par augmentation et presque pas de celles en diminution.

Voici les différentes conditions auxquelles sont soumises les imitations considerées sous le rapport de l'harmonie: nous indiquerons la partie imitée par la lettre A, et la partie imitante par la lettre B:

1° Telle imitation ne peut avoir lieu qu'à condition que le B soit plus haut que l'A, parce que dans le cas contraire il en resulterait des quintes défendues entre ces deux parties.

2º Telle autre imitation ne peut se faire au contraire qu'en mettant le B au dessous de l'A par la raison ci-dessus.

3º Dans une troisième imitation on peut indifféremment placer le B au dessus ou au dessous de l'A; dans ce cas l'imitation est renversable.

4º Il arrive très fréquemment qu'il faut ajouter une basse d'accompagnement à une imitation sans laquelle basse, beaucoup d'imitations ne pourraient avoir lieu. Aussi est-il nécéssaire que le compositeur se représente cette basse en cherchant des imitations, qu'il ne trouverait ou ne découvrirait pas sans ce moyen. C'est par cette raison que l'harmonie à deux parties n'est pas à beaucoup près aussi riche en imitations que l'harmonie à trois, et surtout celle à quatre parties.

Les imitations les plus utiles, les plus saillantes et les plus interessantes sont celles que l'on entreprend sur des chants (ou motifs) que l'on a précédemment entendus. Un harmoniste habile n'est jamais embarrassé pour trouver des imitations sur un chant quelconque: car s'il n'en existe pas à l'octave il en trouvera à la seconde ou à la tierce ou à la quarte et ainsi de suite: s'il n'en trouve pas par mouvement semblable, il en cherchera par mouvement contraire; s'il ne peut pas employer les mêmes valeurs de notes il fera des imitations en augmentation ou en diminution.

Les imitations offrent un puissant moyen de développer ses propres idées: de tout temps les compositeurs célèbres en ont fait un grand usage.

Il existe une autre manière plus facile de faire et d'employer les imitations; la voici:

On choisit un trait de chant, ou une parcelle de motif, entendu précédemment, que l'on promène dans deux, trois, ou quatre parties. Ces imitations sont SIMPLES quand on n'imite qu'un seul trait de chant; elles sont DOUBLES quand on imite en même temps deux traits de chant différents. Dans cette sorte d'imitation l'on peut aussi employer de temps en temps le mouvement contraire, l'augmentation et la diminution —— Voici des exemples:

Imitation simple entre le dessus et la basse.

Cette sorte d'imitation s'emploie souvent avec effet dans les orchestres pour accompagner la voix.

Imitation double par mouvement direct et par mouvement contraire et en diminution.

Cette dernière manière d'employer les imitations est trop compliquée et ne peut pas être appréciée par les auditeurs; c'est donc plutôt un exemple de curiosité que d'utilité: cependant, quand l'harmonie marche naturellement, elle peut donner de l'intérêt même à ce travail.

On trouve souvent des exemples dans le genre du précédent, en analysant la musique faite avant le 18.me siècle.

Souvent on n'imite que le mouvement d'une phrase, ce qu'on peut appeler imitation de mouvement, par exemple:

N.º 4

Dans cet exemple ce sont les valeurs suivantes qui se reproduisent sans cesse entre les deux parties n'importe les notes. Cela peut aussi avoir lieu entre trois ou quatre parties. Cette manière s'emploie souvent avec succès pour accompagner la voix.

Il y a tant de variété et tant de modifications dans l'emploi des imitations, qu'il est presque impossible de les indiquer toutes; chacun en peut faire selon sa fantaisie, ses moyens et son goût. Il suffit d'avoir une idée claire de ce qu'on appelle IMITATIONS pour en faire usage; et, quand on en a l'habitude, elles se présentent le plus souvent d'elles mêmes à l'imagination du compositeur, sur-tout quand il est habile harmoniste.

Pour terminer cet article nous donnerons ici encore quelques exemples sur les progressions par imitation.

Une progression est,

Ou 1.º simplement mélodique.

Ou 2.º simplement harmonique,

Ou 3.º mélodique et harmonique à la fois.

Ou 4.º elle se fait par imitation simple,

Ou 5.º elle peut se faire par imitation double.

Chacune des ces progressions peut se faire soit en MONTANT soit en DESCENDANT, c'est à dire qu'elle peut être ascendante ou descendante.

Quant à la définition de la progression, voir notre cours d'harmonie, où l'on trouvera en même temps une quantité d'exemples sur les trois premiers N.ºs

Pour mieux saisir la manière de créer des progressions par imitation, nous donnerons ici un exemple sur cha_
cun de ces trois N.

N.º 1 Progression mélodique.

N.º 2 Progression harmonique.

N.º 3 Progression mélodique et harmonique.

Une progression par imitation est en même temps mélodique et harmonique. Une grande partie des progressions mélodiques peut se changer en progression par imitation. Ainsi l'exemple N.º 1 donne la progression suivante.

N.º 4 Progression par imitation.

Imitation à la quinte inférieure.

Une progression par imitation est souvent en même temps renversable, soit à l'octave, soit à la dixième, soit à la douzième: le N.º 4 est en contrepoint double à l'octave, par exemple:

Renversement de N.º 4

Quand une progression est en même temps renversable, on peut donc l'envisager comme le modèle d'un contre_
point et en tirer le même parti, c'est à dire la renverser et la promener dans différents tons en y ajoutant une ou deux parties d'accompagnement.

Un trait de chant ou une parcelle de motif peuvent toujours servir à la création d'une progression mélodi_
que, et par conséquent à celle d'une progression par imitation, car en supposant qu'une progression mélodique ne puisse pas devenir en même temps progression par imitation, on n'a qu'à changer l'ordre de la progression mé_
lodique pour trouver l'imitation, ce qui est toujours possible.

Par exemple, la progression suivante se prêtera difficilement à une imitation, en cherchant cette imitation sur le quatrième temps d'où elle devrait partir:

Mais en changeant cette progression en celle qui suit, on en obtiendra deux par imitation:

Progression par imitation, où la partie intermédiaire est ajoutée:

Autre progression par imitation, avec le même chant:

Pour faire une progression en imitation double, il faut imiter DEUX TRAITS DE CHANT à la fois. Ces progressions sont plus difficiles à trouver que les précédentes. En voici un exemple:

Progression en imitation double.

C'est une quadruple progression, parce qu'elle exige quatre parties dont chacune fait une progression mélodique. Pour la créer il faut d'abord inventer les deux traits de chant à imiter, qui doivent se marier comme les deux sujets dans le contrepoint; mais il n'est pas nécessaire que les parties soient renversables.

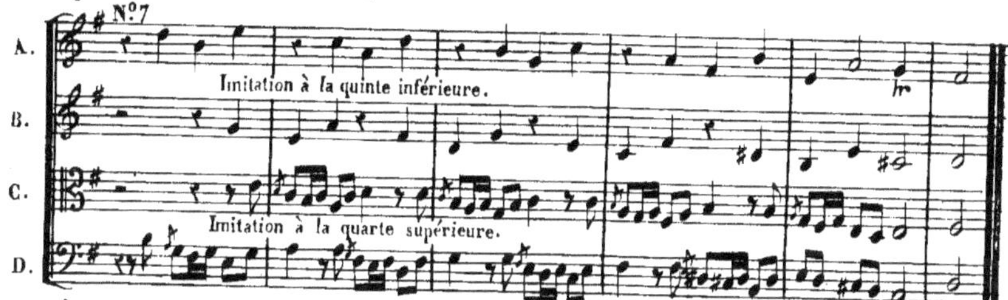

Cela étant réglé, on cherche à établir la progression entre les deux parties entrantes, et ainsi de suite. Nous aurons souvent l'occasion de revenir sur les imitations en traitant de la fugue.

II

DES CANONS.

Une imitation STRICTE et non INTERROMPUE s'appelle en général CANON. On nomme particulièrement CANON un morceau de musique dans lequel on imite une partie depuis le commencement jusqu'à la fin, n'importe l'intervalle par lequel on imite, et le nombre des parties imitantes. C'est de cette sorte de productions que nous traiterons dans cet article.

Quand l'imitation se fait à l'unisson. le canon est à l'unisson; quand l'imitation est à la seconde supérieure ou inférieure, le canon est à la seconde, et ainsi de suite. Quand l'imitation est par mouvement contraire, le canon s'appelle CANON PAR MOUVEMENT CONTRAIRE.

Les canons sont à deux, à trois, ou à quatre parties. On appelle CANON DOUBLE lorsqu'on IMITE EN MÊME TEMPS DEUX CHANTS DIFFÉRENTS, ce qui suppose quatre parties au moins.

Selon le genre d'imitation, le canon peut être aussi EN AUGMENTATION, ou EN DIMINUTION, ou PAR MOUVEMENT RÉTROGRADE.

Le canon est PERPÉTUEL quand on ne peut le finir nulle part convenablement, et qu'il faut par conséquent le recommencer sans cesse.

On appelle CANON FERMÉ (ou clos) celui qui est écrit sur une seule portée; il est OUVERT quand il est en partition.

Le canon est ÉNIGMATIQUE, quand il faut chercher ou deviner sa solution; il est CIRCULAIRE quand il parcourt les douze tons majeurs, ou les douze tons mineurs. Il est enfin POLYMORPHES quand il offre plus d'une seule solution.

Nous diviserons tous ces canons 1º. en canons de société, et 2º. en canons scientifiques.

1º DES CANONS DE SOCIÉTÉ.

Il existe un grand nombre de canons destinés à être chantés dans des sociétés ou dans des réunions musicales: c'est par cette raison que nous les intitulons CANONS DE SOCIÉTÉ. Ils se distinguent des canons scientifiques 1º. par les paroles sur lesquelles on les chante, 2º. par la couleur qu'on leur donne, 3º. par le chant que l'on imite, 4º. par les occasions où on les exécute, 5º. par la manière de les accompagner et 6º. par la manière particulière de les créer.

Les canons de société sont toujours à l'octave ou à l'unisson. Le chant que l'on y imite est souvent un chant connu, ou du moins, inventé d'avance. Voici la manière de faire un canon de société.

Après avoir choisi un chant (le plus court de deux mesures et le plus long de vingt mesures à peu près) on l'accompagne par deux ou par trois autres parties, selon que le canon doit être à trois ou à quatre voix, en observant la règle suivante:

1º. Quand le canon est pour des VOIX ÉGALES, pour trois ou quatre Sopranos ou pour trois ou quatre Tenors, l'harmonie, dans ce cas, n'éprouvant pas de renversement, n'exige pas d'être en contrepoint.

2º. Quand le canon est pour des VOIX INÉGALES, par exemple pour deux Sopranos et un Tenor, ou pour un Soprano Tenor et Basse, ou pour trois Sopranos et un Tenor, ou pour deux Sopranos, Tenor et Basse &c. l'harmonie dans ce cas éprouvant forcément des renversement, doit être conçue en contrepoint triple pour un canon à trois parties, et en contrepoint quadruple pour un canon à quatre parties.

Voici l'harmonie à trois parties sur l'air Charmante Gabrielle, pour trois voix égales; elle doit servir à un CANON A L'UNISSON pour TROIS SOPRANOS ou pour TROIS TENORS:

Pour faire de cette harmonie un Canon, on disposera les trois parties de la manière suivante :

A. Le chant sans accompagnement.

(o) Le chant en duo. On choisit pour l'accompagner la partie C, du trio précédent, parce que cette partie [illegible] harmonie à deux avec le chant, c'est [illegible] qu'il faut [illegible].

B.
C.
Le chant en trio jusqu'à la fin.
A.
A.
B.
C.

C.
A.
B.

On voit par cet arrangement que les trois parties S'IMITENT EXACTEMENT, et forment par conséquent un canon.

D'après cet exemple il est facile de concevoir qu'une harmonie à trois parties peut fournir un canon à l'unisson à trois, et qu'une harmonie à quatre parties en donnera un à quatre.

Le canon précédent est OUVERT, c'est-à-dire présenté en PARTITION; mais on peut le fermer ou clôre, c'est-à-dire le présenter sur une SEULE PORTÉE. Comme chaque partie exécute exactement la même chose, l'une d'elles peut donc représenter les deux autres. Il s'agit seulement d'indiquer par un signe l'endroit ou chaque partie doit entrer, ce qui se fait de la manière suivante:

Canon clos à trois voix égales, sur l'air Charmante Gabrielle.

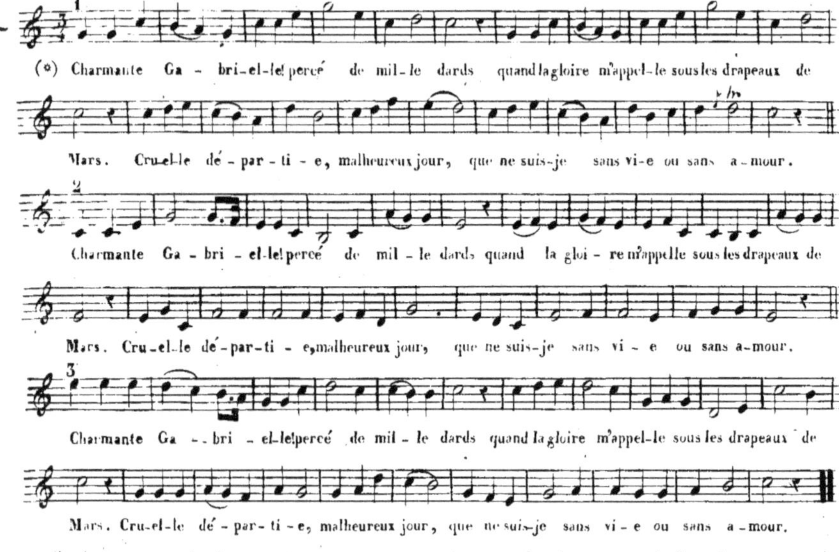

On chante ces canons le plus souvent sans accompagnement instrumental; mais pour soutenir les voix on peut y ajouter un accompagnement de piano, dont la basse est la même que celle de l'harmonie du canon, ou bien lui donner une basse nouvelle; cet accompagnement se répéte aussi souvent que le chant principal du canon. Voici un exemple de cet accompagnement dont la basse est différente de celle que le chant fait:

(o) Quelque vicieuse que soit la prosodie de cet air, nous l'avons conservée intacte par respect pour l'ancienne tradition.

Piano pour accompagner le canon précédent.
Andante.

N.º 4.

On a fait plusieurs fois usage (et avec succès) des canons de société dans la musique dramatique. Dans ce cas on les accompagne par l'orchestre, en variant cet accompagnement autant de fois que l'on est obligé d'en répéter le chant principal.

Nous avons observé plus haut que l'harmonie d'un canon de société à voix inégales doit être en contre_ point. Voici l'harmonie en contrepoint triple pour un canon à trois voix inégales: ces trois voix peuvent être deux Sopranos et un Tenor, ou un Soprano et deux Tenors.

Contrepoint triple.
N.º 1.

Canon ouvert, fait avec l'harmonie précédente.
N.º 2.

Même canon ecrit sur une seule portée.

N.o 5. 1.er Soprano.

2.me Soprano.

Tenor.

Tout canon à voix INÉGALES, dont l'harmonie est en contrepoint, peut s'exécuter en même temps par des voix ÉGALES sans nuire à l'harmonie; mais le contraire n'est pas possible sans rendre l'harmonie défectueuse.

Les canons de société à voix inégales présentent des difficultés sous le rapport de l'étendue des voix, sous le rapport des paroles et sous le rapport de l'harmonie.

1.° Sous le rapport de l'étendue des voix.

Les parties doivent être conçues de manière à ce que chaque voix puisse les exécuter toutes, sans sortir de son diapason naturel. Ainsi par exemple dans un canon pour Soprano Contre-Alto et Basse-Taille, le Soprano doit pouvoir rendre naturellement non seulement sa partie, mais encore celle du Contre-Alto et de la Basse-Taille; ces deux dernières parties, chacune à leur tour, sont soumises à la même règle. On conçoit facilement qu'il faut beaucoup d'adresse pour réaliser cette proposition, surtout en donnant du charme et de l'intérêt au canon.

2.° Sous le rapport des paroles.

Les paroles pour un canon de société doivent être renfermées dans un couple de vers courts. C'est sur ces paroles que le compositeur cherche le chant principal de son canon: cela se fait à peu près comme le début d'un air, et n'éprouve pas plus de difficulté. Mais l'accompagnement vocal du chant peut exiger plus ou moins de paroles: dans le premier cas il faut en répéter une partie, et dans l'autre il faut en couper une partie. Ce qui cause souvent de l'embarras dont il faut savoir se tirer adroitement.

3.° Sous le rapport de l'harmonie.

L'harmonie étant en contrepoint, peut devenir trop sévère pour des productions aussi légères que des canons de société, et trop pauvre à cause de la suppression continuelle de la quinte parfaite, ce qui fait que tous les accords y sont incomplets. Ajoutez à cela que le canon finit presque toujours avec une formule de cadence qui ne donne pas un repos assez satisfaisant, à moins que l'on ne finisse par une CODA qui n'est pas en contrepoint.

Pour remédier à ces inconveniens harmoniques, on a imaginé un mauvais expédient, qui consiste en un accompagnement instrumental, ajouté au canon vocal. On a cru que la basse de cet accompagnement corrigeait les défauts que les renversements des voix occasionnent quand l'harmonie n'est pas en contrepoint double, triple ou quadruple. Mais l'expérience prouve que l'harmonie des voix produit toujours MAUVAIS EFFET quand elle n'est pas bonne, abstraction faite de l'accompagnement instrumental. La cause de ce phénomène consiste dans la grande différence du timbre des voix avec celui des instruments. Mais en ajoutant à un canon vocal l'accompagnement d'une Basse-Taille, l'harmonie de ce canon pourrait facilement se renverser sans qu'elle fut en contrepoint double, triple ou quadruple; voyez ce que nous avons dit du contrepoint CONDITIONNEL avec une basse de correction page 129 : cette BASSE TAILLE DE CORRECTION serait le moyen le plus efficace pour obtenir dans cette sorte de canon une terminaison parfaite, une harmonie plus riche, plus satisfaisante et beaucoup moins sévère. Mais on ne peut pas toujours user de ce moyen, parce qu'il faut pour cela employer une partie de plus, qui n'est pas partie imitante, et qui par cela même paraît ne pas appartenir au canon.

Nous donnerons encore trois exemples des canons de société à voix inégales, dont l'un en contrepoint triple, l'autre en contrepoint quadruple et le troisième en contrepoint conditionnel, avec une Basse-Taille ajoutée, c'est-à-dire avec une basse de correction.

Contrepoint triple pour faire le canon suivant à trois voix inégales.

Contrepoint quadruple pour faire le canon suivant:
A
B
C
D
Canon pour deux Sopranos et deux Tenors.
=66.m.
A
A
B
B
D
A

D.
C.
A.
B.
C.
A.
B.
D.
A.
D.
B.
C.
B.
C.
D.
A.
Même canon, mais fermé.
Tenor 1º
Sopran 1º
Tenor 2º
Sopran 2º

Z . 55. (1)

Il est indifférent de commencer par telle ou telle partie. Mais quand on désire que la partie commençante soit plûtot un Ténor qu'un Soprano on l'indique comme on le voit dans l'exemple précédent.

Contrepoint conditionnel avec une basse de correction pour servir au canon suivant.

On n'emploie la basse de correction que là où elle est nécessaire: mais, si on le juge à propos, elle peut servir autant de fois que l'on répète le chant principal dans le courant du canon.

On peut également clôre le canon, en mettant la Basse-Taille ajoutée sur une portée séparée.

Une Basse-Taille de correction n'empêche pas d'accompagner les voix par le Piano ou même par l'orchestre quand cela est nécessaire.

2 DES CANONS SCIENTIFIQUES.

Ces canons exigent dans leur création, plus d'art et d'adresse que les canons de société, c'est par cette raison que nous les appelons CANONS SCIENTIFIQUES. Le canon scientifique est une production qui ne peut être appréciée que par des connaisseurs. Ce canon n'est guère suceptible de beaucoup de charme, et il est presque impossible de le rendre interressant aux personnes qui ne sont point initiées dans l'art musical. (⁎) Pour créer un semblable morceau on invente un trait de chant de trois jusqu'à six, sept ou huit notes: le meilleur est celui d'une mesure ou de deux mesures tout au plus, encore faut il qu'elles soient courtes et d'un mouvement un peu accéléré. (Nous dirons plus bas pourquoi ce chant initial ne doit pas être plus long.)

Exemple: 

Si le canon doit être à deux parties et à l'octave, on place ce chant dans la partie imitante à la distance d'une octave après la dernière note de la partie imitée, Par exemple: 

(⁎) Les canons scientifiques ont été inventés ayant le 18ᵐᵉ siècle, c'est-à-dire dans le temps où la composition musicale n'était qu'un calcul froid et où le goût, le sentiment et l'inspiration n'étaient comptés pour rien.

On revient à la partie B. pour chercher l'accompagnement à la partie A.

Par exemple.

On ajoute cet accompagnement dans la partie A. à la suite du premier chant.

Par exemple.

On revient de nouveau à la partie B. pour accompagner ce qu'on a ajouté dans la partie A.

Par exemple.

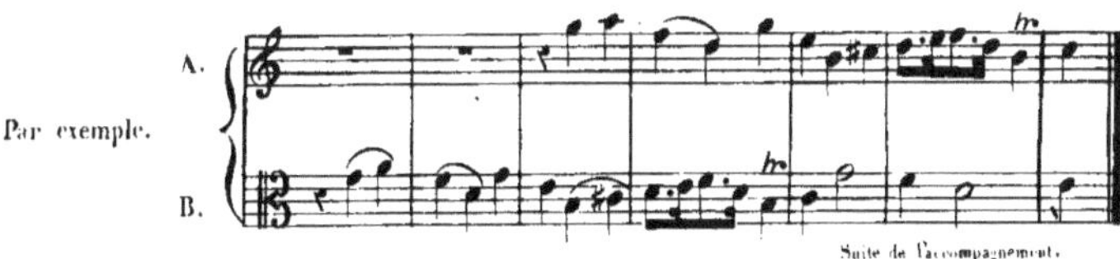

Cette suite d'accompagnement sera transposée dans la partie A. pour y continuer l'imitation.

Par exemple.

La partie B. continuera d'accompagner ce qu'on a de nouveau ajouté à la partie A. et on ira de la sorte jusqu'à la fin du canon, qui peut durer huit, vingt, cinquante ou quatrevingt mesures et plus.

On conçoit facilement que cette manière est excellente pour trouver toutes sortes de canons interressants et par conséquent aussi toutes sortes d'imitations.

Le premier trait de chant (qui est composé de six notes dans l'exemple précédent) ne doit pas être long, parce qu'il serait impossible aux auditeurs de suivre l'imitation jusqu'au bout.

Ce qui est difficile dans ces canons, c'est de trouver un chant franc et naturel (en partant de la dernière note du chant initial;) car ce chant ne peut se composer que de notes accompagnantes comme on l'a vu ci-dessus. On ne peut le phraser ni le rhytmer comme on le désire, et encore moins le trouver par inspiration.

On peut faire ces canons (au moyen de la méthode précédente) à tous les intervalles, et il ne coûte pas plus d'en faire à la seconde ou à la tierce &c. que d'en créer à l'octave ou à l'unisson, et cela aussi bien par mouvement contraire que par mouvement semblable; mais les meilleurs seront toujours à l'octave ou à l'unisson par mouvement semblable, parce que le chant en est plus franc et l'harmonie plus naturelle.

Voici des exemples de canons à différents intervalles:

Quand le canon n'est pas à l'unisson ou à l'octave, l'imitation ne peut pas se faire tout à fait exactement, sous le rapport des tons entiers et des demi-tons; il faut souvent répondre à un ton par un demi-ton et vice-versa.

Quant aux canons par mouvement contraire, on n'en fait presque jamais, car il est difficile que le chant et l'harmonie n'en soient pas plus ou moins tourmentés. Voici un exemple d'un canon par mouvement contraire:

Canon à la sixte par mouvement contraire.

N.º 4

On peut terminer les canons scientifiques de trois manières, savoir:

1º. En interrompant l'imitation vers la fin pour conclure le canon d'une manière plus satisfaisante, comme on le voit dans les quatre premiers N.ºs des exemples précédents. Cette manière de terminer est la meilleure.

2º. En arrangeant le canon de manière à ce que la partie imitée puisse reprendre à la fin le chant initial pour accompagner la partie imitante, et contraindre le canon de recommencer sans cesse. Le canon s'appelle dans ce cas, CANON PERPÉTUEL. En voici un exemple:

Canon perpétuel.

N.º 5

Ainsi, à bien prendre, un semblable canon ne finit pas: c'est un effet du hazard si le précédent peut s'arrêter sur la dernière note.

3º. En imitant exactement jusqu'à la dernière note, de la manière suivante:

N.º 6

(*) Cette partie cesse à cet endroit, parce qu'elle ne doit pas être imitée plus longtemps. En accompagnant ce canon par une ou deux parties accessoires, (ce qui peut avoir lieu dans un trio, ou dans un quatuor, ou bien dans l'orchestre.) Cet accompagnement qui continue jusqu'à la fin du canon, en rendra la conclusion tout à fait satisfaisante. Voici un exemple d'un canon scientifique fait sur des paroles et accompagné par une basse chiffrée:

De ce qu'il faut observer pour rendre un canon scientifique plus INTERESSANT POUR LE PUBLIC.

Pour qu'un canon scientifique puisse plaire au public, il faut qu'il soit phrasé, c'est à dire qu'il se divise en phrases symétriquement égales. Ainsi on fera un canon A L'OCTAVE divisé comme il suit:

A.55.(1)

1.° Une phrase de huit mesures, en la terminant à la dominante quand le canon est dans le mode majeur ou en la terminant dans le ton majeur relatif (tierce supérieure) quand il est en mineur, comme dans l'exemple suivant.

2.° Une seconde phrase également de huit mesures, avec une cadence imparfaite sur la dominante primitive.

3.° Une seconde phrase de huit mesures, qui commence avec les premières notes du canon et termine à la tonique d'une manière satisfaisante.

Cette coupe peut avoir deux reprises, par exemple:

Canon à l'octave.

Ce canon peut d'abord s'exécuter tel qu'on le voit ci dessus, en le plaçant dans un duo, trio, quatuor, quintette, ou même dans une symphonie; mais on peut aussi le DIALOGUER, c'est à dire changer d'instruments en répétant chaque reprise, par exemple:

Quand la répétition ne peut pas s'exécuter à l'octave, on la fait à L'UNISSON. Cette manière de répéter devient plus saillante lorsque les instruments sont d'un timbre différent. De plus, on peut ajouter à ce canon une ou deux parties d'accompagnement très léger; dans ce cas il est bon de mettre l'imitation entre les deux parties extrêmes, quand cela se peut; par exemple:

Si le N.º 5 était destiné à l'orchestre, on pourrait le dialoguer en exposant chaque reprise avec les instruments à cordes, tandis que la répétition se ferait par les instruments à vent.

Une troisième manière de donner de l'intérêt à ce canon consiste dans un court épisode que l'on ajoute après chaque reprise. Cet épisode doit être composé d'une courte période d'un chant agréable et qui n'ait rien de commun avec le canon, par exemple:

Z.55.(1)

(✿) Cet épisode, ainsi que le suivant, peuvent avoir quatre ou huit mesures de plus, si on le juge à propos.

Z. 55. G)

On peut enfin rendre le même canon, par la masse de l'orchestre, de la manière suivante:

N.º 5

L'effet de l'exemple précédent pourrait être aussi modifié en exposant chaque reprise en FORTE par la masse de l'orchestre, tandis qu'on en ferait la répétition en PIANO par un petit nombre d'instruments solo, ET VICE VERSA. Cette dernière version est d'autant meilleure, que le FORTE de quarante huit mesures de suite pourrait paraître trop long.

Les canons scientifiques dont nous avons donné des exemples jusqu'à présent ne sont qu'à deux parties, parce que l'imitation n'y a lieu qu'entre deux parties seulement. On peut les faire aussi à plus de deux parties; mais s'il est déjà difficile (sans fatiguer l'attention des auditeurs) de suivre une imitation entre deux parties durant trente, quarante, ou cinquante mesures, que deviendra cette attention en voulant la fixer sur des canons à trois, ou à quatre parties.(*) Or, en faisant des canons à plus de deux parties, on compose plutôt pour les yeux que pour les oreilles. Mais, comme chaque chose trouve ses admirateurs, nous indiquerons la manière de faire un canon scientifique à plus de deux parties.

Pour composer un canon scientifique à trois parties, on invente un trait de chant, que l'on place successivement dans les trois parties, par exemple:

On revient à la partie C (la première entrante.) pour chercher l'accompagnement à la partie A. on ajoute cet accompagnement à la suite de la partie A. et de la partie B. par exemple:

Cela étant fait, on revient encore à la partie C, pour chercher un nouvel accompagnement aux deux parties de dessus. Ce nouvel accompagnement sera de nouveau ajouté aux parties A. et B. par exemple:

(*) Dans ce cas la tache de l'auditeur est plus pénible que celle du compositeur.

C'est de la sorte que l'on procède jusqu'à la fin, en ajoutant une CODA pour mieux terminer le canon. Voici le canon tout entier; il n'est composé que d'accords parfaits:

Canon à l'octave à trois parties:

Dans un tel canon il y a des renversements d'intervalles auxquels il faut faire attention, en réglant son harmonie, sur tout quand la basse est partie imitante, c'est-à-dire quand elle ne commence pas le canon.

L. 55. (1)

Un canon à quatre parties se fait d'après le même procédé. Mais, je conseille de s'en tenir aux canons à deux ou à trois parties tout au plus, lorsqu'on desire faire un morceau de musique complet.

Le canon précédent est à l'octave. On en peut faire à d'autres intervalles, en suivant la manière prescrite pour les chercher. Mais les meilleurs sont à l'octave. Voici un exemple d'un canon à la quarte et à la septième supérieures:

Canon à la quarte et à la septième supérieures à trois parties.

Nous parlerons plus tard de ces canons composés de quelques mesures seulement, que les anciens nous ont laissés.

DES CANONS ET DE L'HARMONIE RÉTROGRADES.

Les canons rétrogrades n'étant que des objets de pure curiosité, je me serais abstenu d'en parler sans les considérations suivantes: Des personnes, qui n'ont point étudié cette partie de l'art, crient au miracle quand elles rencontrent par hazard un canon rétrograde, (ou à l'ecrevisse.) Il est utile de leur faire voir que tout le secret de cette production consiste uniquement dans un procédé fort simple, lequel une fois connu, il n'est pas plus difficile de faire un canon à l'ecrevisse, que de composer un canon ordinaire. Ainsi donc, pour faire un canon de cette espèce, on suivra la méthode que nous allons indiquer.

218

Commencez par inventer un chant simple (le meilleur est celui qui ne module pas) de la longueur de huit jusqu'à vingt) ou vingt-quatre mesures à peu près. Il faut que ce chant puisse aussi s'exécuter en RETROGRADANT. On lui donne cette qualité en évitant des intervalles, des altérations, des syncopes, des pauses, des valeurs de notes et des appoggiatures, quand toutes ces choses pourraient produire mauvais effet en faisant rétrograder le chant. La meilleure règle est, en le créant, de se le représenter en même temps à rebours, pour éviter ce qui serait déplacé. Voici l'exemple d'un semblable chant qui, comme on le pense bien, ne peut pas être très saillant :

Ce chant est de seize mesures que nous indiquerons par les chiffres, 1, 2, 3, 4, 5, 6, 7, 8, 9, 10, 11, 12, 13, 14, 15, 16. En l'exécutant à rebours, on obtient par conséquent les chiffres, 16, 15, 14, 13, 12, 11, 10, 9, 8, 7, 6, 5, 4, 3, 2, 1. Vous placerez ce chant sur deux portées A. et B. (qui doivent avoir la même clef) de la manière suivante : A.

Vous revenez ensuite à la portée B. pour accompagner le chant de la portée A. Cet accompagnement devant plus tard s'exécuter aussi à rebours exige particulièrement l'usage des intervalles consonnants. On peut aussi employer une dissonance, en la plaçant ENTRE DEUX RESOLUTIONS SEMBLABLES, pour qu'elle puisse se résoudre en avant et en rétrogradant. Cet accompagnement étant trouvé, vous le mettrez à rebours sur la portée A. à la suite du chant.

Par exemple.

Z. 55. (1)

Cette opération donne les résultats suivants:

1º. Le chant total de la portée A. en le prenant du commencement à la fin, est le même que celui de la portée B. en le prenant de la fin au commencement.

2º. Par la même raison, le chant total de la portée B. en le prenant du commencement à la fin, est le même que celui de la portée A. en le prenant de la fin au commencement. Il suit de là.

3º. Que le chant de la portée A. représente EN MÊME TEMPS celui de la portée B. c'est à dire qu'une personne peut exécuter la portée A. en allant du commencement à la fin, et une autre personne peut l'accompagner en allant en même temps de la fin au commencement. Dans ce cas, on supprime tout à fait la portée B. parce qu'elle devient superflue, et l'on ajoute à la fin de la portée A. la clef, les accidents et la mesure, pour indiquer la double qualité de cette portée. C'est en quoi consiste le canon à rebours, ou à l'écrevisse.

Canon rétrograde, ou à l'écrevisse.

Par exemple.

Pour exécuter ce canon à deux, une personne commence et chante seule jusqu'au bout, après quoi la seconde personne reprend le chant, tandis que la première l'accompagne en allant de la fin au commencement.

Pour que le canon puisse s'écrire de la sorte sur une seule portée, il faut que l'imitation en soit à l'unisson, et que les deux parties chantent sur la même clef. Lorsqu'il ne s'agit pas du canon, mais simplement de l'harmonie à rebours, on écrit sur deux portées, comme au Nº 1. Dans ce cas on peut avoir deux clefs différentes, et faire cette harmonie pour le dessus et la basse, en la mettant en contrepoint à l'octave.

Harmonie à deux à rebours.

Par exemple.

On peut faire de ce duo un trio ou un quatuor, en y ajoutant une ou deux parties intermédiaires, ce qui donne une harmonie à rebours à trois ou à quatre parties, par exemple:

Z.55.(1)

Si, à l'instar de Haydn et de Mozart, on faisait de cet exemple le menuet d'un quatuor, le trio de ce menuet serait l'exécution à rebours du même exemple.

Z.55.(1)

DU CANON SUR LE PLAIN-CHANT.

On a mis beaucoup d'importance, avant le 18.ème siècle, à des imitations exactes faites sur des plain-chants; et quoique ces imitations n'aient été souvent que de six à douze mesures, on les nommait CANONS. Au reste la création de ces canons exige de l'adresse de la part du compositeur qui, en les cherchant, est sans cesse contrarié par le plain-chant, auquel il ne peut ni ne doit rien changer.

Ces imitations, ou ces canons, ne sont qu'à deux parties, sans compter le plain-chant et les autres parties accompagnantes; car ces canons peuvent se trouver dans des chœurs à quatre, à cinq ou à six parties. Pour faciliter ce travail, le compositeur a la liberté de traiter l'harmonie, entre les deux parties faisant le canon, comme bon lui semble, et pourvu que la réunion de toutes les parties rende l'harmonie correcte, les deux parties qui s'imitent peuvent faire n'importe quels intervalles.

Comme le plain-chant ne se chante que dans l'église, on ne peut employer ces canons que dans la musique religieuse. Soit que le plain-chant se trouve dans le Soprano ou dans le Tenor, soit qu'on l'exécute par le contre-Alto ou la Basse Taille, soit enfin qu'il passe d'une partie à l'autre, le canon qui doit l'accompagner n'est ni plus facile ni plus difficile à faire.

Manière de chercher le canon sur un PLAIN-CHANT.

1.º On commence par inventer les premières notes du canon, que l'on met dans une des parties qui accompagnent le plain-chant.

2.º On imite sur le champ ces premières notes du canon, en mettant cette imitation dans une seconde partie accompagnant le plain-chant. Si ce dernier s'oppose à cette imitation, on retouche les notes à imiter jusqu'à ce que l'on ne trouve plus d'obstacle à poursuivre le canon.

3.º On revient à la partie imitée pour y ajouter quelques notes nouvelles, en consultant en MÊME TEMPS le plain-chant et la partie imitante.

4.º On continue à imiter ces nouvelles notes trouvées. Si le plain-chant s'oppose à cette continuation du canon, on retouche les nouvelles notes trouvées de la partie imitée, jusqu'à ce que le plain-chant permette de poursuivre le canon. C'est de cette manière que l'on procède jusqu'à l'endroit où l'on désire d'arrêter l'imitation canonique; car ces canons (comme nous l'avons remarqué plus haut) n'ont pas besoin d'être longs; huit à seize mesures suffisent; mais lorsque le plain-chant est étendu, on peut faire deux ou trois de ces canons de suite, c'est à dire interrompre le premier canon, et après quelques pauses, en faire un autre différent du précédent, et ainsi de suite.

Voici quatre exemples de canons sur le même plain-chant:

Canon entre le second dessus et le contre-alto.

Nº 2. Canon entre les deux parties extrêmes.

Nº 3. Canon entre le Ténor et le Soprano.

Nº 4. Canon entre l'Alto et le Ténor, où le plain-chant est lui même imité.

Voici un exemple d'un canon perpétuel, sur un autre plain-chant.

Canon par mouvement contraire, entre l'Alto et le Ténor.

Ces travaux sur le plain-chant ne peuvent être appréciés que par des connaisseurs, ayant la partition sous les yeux: ainsi c'est de la peine perdue lorsqu'on travaille pour des auditeurs.

Nous donnerons ici encore un Canon sur le plain-chant, qui mérite une analyse particulière; ce Canon est à la seconde supérieure (entre le violoncelle et le second violon) et marche sans interruption durant trente-cinq mesures; C'est le plus long dans son genre. Les deux parties, faisant le Canon, exécutent une harmonie correcte à deux; le tout ensemble forme un morceau de musique complet. On peut exécuter ce morceau par des voix en chœur si on le désire; dans ce cas on remplacera le second violon par le Contre-Alto; l'Alto par le Tenor; le violoncelle par la première Basse-taille; et la Contre-basse par la seconde Basse-taille. En accourcissant ce Canon et en mettant une reprise au commencement de la troisième mesure, et à la fin de la onzième, on obtiendra un Canon perpétuel.

Canon sur le plain-chant.

Z.55.(1.)

DU DOUBLE CANON.

Le double canon est un morceau de musique où l'on imite à la fois deux chants différents. C'est une production ingrate dont tout le mérite consiste dans une difficulté vaincue.

Voici la manière de faire un double canon:

Comme il y a dans ce canon deux parties imitées et deux parties imitantes, il est clair qu'il faut au moins quatre voix pour réaliser cette proposition. Nous indiquerons ces quatre voix par A, B, C, D. La première imitation (ou le premier canon,) aura lieu entre les deux parties D, B, et la seconde imitation se fera entre les deux parties A, C.

1.° On invente les premières notes du premier canon, et on les transpose dans la partie imitante, à un inter_valle quelconque: ici tout simplement à l'octave, par exemple:

2.° On introduit ensuite les deux parties du second canon ainsi qu'il suit:

Exposition des quatre parties du canon:

3.° Cela étant fait, on revient à la première partie imitée pour continuer le premier canon: à mesure que l'on ajoute une note à cette partie, il faut à l'instant même la transcrire dans la première partie imitante, pour voir de suite si le second canon permet d'imiter ce qu'on a ajouté; si non, il faut la retoucher: par exemple,

4°. On continue le second canon avec les mêmes précautions à l'égard des parties D. et B. par exemple:

5°. Cette continuation du second canon sera accompagnée en poursuivant le premier canon; on procédera de cette manière jusqu'à la fin, où l'on **interrompt** la double imitation, pour terminer convenablement le morceau. Voici le canon tout entier:

On est forcé dans ces canons d'employer par fois des pauses; elles y sont même d'un grand secours. Il est clair qu'il faut également les imiter. Ainsi quand une partie imitée compte une mesure de silence, la partie imitante doit en faire autant.

DES CANONS ENIGMATIQUES, POLYMORPHUS, CIRCULAIRES, EN AUGMENTATION, EN DIMINUTION,

Et des canons à deux parties qui peuvent se changer en trio et en quatuor.

On avait longtemps méconnu le véritable but de la composition musicale. Les imitations et les canons (souvent on confondait les uns avec les autres) étaient l'unique objet des méditations des compositeurs qui ont précédé le 18.me siècle. Piquer la curiosité, amuser l'esprit et les yeux par cet unique travail, leur paraissait le nec plus ultrà de l'art. Il n'est donc pas surprenant qu'ils aient poussé la manie des canons jusqu'au dernier ridicule. il faut pardonner cet égarement à l'ignorance où ils étaient de tout ce que l'on exige de nos jours d'un compositeur habile. Tous les traités sur la musique, publiés jadis, ne renferment autre chose que des imitations et des canons, car la fugue elle même, comme nous le verrons, n'est composée que d'imitations continuelles, plus ou moins canoniques.

Parmi tant de canons anciens, les écoles modernes ont fait un choix; ceux, qu'elles ont cru utiles à l'art ont été conservés: on les enseigne aux élèves; nous les avons indiqués et analysés. On a au contraire, exclu ceux que l'on a jugés bizarres, insignifians ou tout-à-fait inutiles. Cependant, il est bon que le public, qui peut souvent entendre parler de ces objets de curiosité, sache ce que c'est qu'un canon enigmatique, polymorphus, circulaire, &c.

1°. Des canons énigmatiques.

Un canon énigmatique est un canon clos ou fermé (c'est à dire écrit sur une seule portée) mais qui n'a point d'inscription ou d'indication à la tête, ou bien dont l'inscription est trop imparfaite pour le résoudre ou le déchiffrer exactement sans beaucoup de peine, et souvent sans une grande perte de temps.

La première manière de présenter ce canon est la plus énigmatique, parce que l'on ne sait pas seulement à quelle clef appartiennent les notes. La deuxième manière est un peu plus claire. La troisième manière indique déjà la quantité et la nature des voix du canon, ainsi que l'ordre de leur succession : Soprano Alto, Basse, Ténor. La quatrième manière est la plus claire à cause des pauses qui indiquent en même temps l'endroit où chaque partie doit entrer.

Solution du canon précédent.

Le compositeur conçoit son canon tel qu'on le voit ici; pourquoi donc le présenter sous un emblème énigmatique? est ce pour qu'un autre compositeur, nouvel Œdipe, en cherche la solution? Nous pensons trop bien de nos contemporains pour croire qu'il soient assez fous et assez sots pour perdre un temps précieux à de semblables bagatelles. Celui qui a le talent de faire de semblables canons (et il faut l'avoir pour pouvoir les déchiffrer) préférera en créer lui même plutôt que de se mettre à la torture pour deviner ceux des autres.

2°. Du Canon Polymorphus.

Nous avons déjà dit qu'on nommait jadis CANON POLYMORPHUS celui qui était susceptible de plusieurs solutions différentes. Nous avons aussi également observé que les anciens confondaient souvent l'imitation avec le canon. Ainsi par exemple, les cinq notes suivantes fournissent plusieurs canons et plusieurs imitations canoniques, ce qui donne à ces cinq notes..... le nom de CANON POLYMORPHUS, selon l'ancien usage.

Voici les douze solutions que ces cinq notes (prises au hazard) m'ont données, sans compter les autres que j'aurais vraisemblablement trouvées si j'avais jugé à propos de poursuivre mes recherches :

Que des élèves s'exercent en faisant des canons polymorphus, rien de mieux: un harmoniste un peu ha—bile, et qui a de la patience, n'aura pas beaucoup de peine à en trouver; une demi douzaine de notes procédant diatoniquement, suffisent pour cela. Les anciens citent de semblables canons qui ont 500, 1000 et jusqu'à 2000 solutions différentes; je crois que, de nos jours, on trouverait plus facilement des solutions que des auditeurs pour de semblables productions.

5.ͤ Des Canons circulaires.

Une progression en imitation exacte, à la quarte et à la quinte, qui parcourt les douze tons (ordinai_
rement majeurs) est appelée CANON CIRCULAIRE; il peut avoir lieu à deux et à plus de deux parties.

Comme dans cette espèce de canon les parties finiraient par monter trop haut, ou par descendre trop
bas, il faut choisir un endroit convenable pour les faire descendre ou monter successivement.

---

* Ce contrepoint est ici indispensable par rapport au renversement de l'harmonie.
* * On rend facilement ce canon perpetuel en supprimant la conclusion. Le canon suivant, N.⁰ 2. est perpetuel.

Quant a la transition enharmonique qui devient indispensable dans un canon circulaire, il faut chercher un endroit convenable pour l'opérer successivement dans chaque partie. _

Canon circulaire N.º 2.

Le canon circulaire est facile à concevoir et facile à faire, mais il est insipide à entendre, par rapport à sa manière monotone de moduler, qui est usée, scholastique et qui a vieilli depuis longtemps. On ne saurait faire de nos jours aucun usage supportable d'une production semblable.

4. Canon en augmentation.

Lorsqu'on imitait exactement une partie en doublant ou en triplant en même temps ses valeurs de notes, on appelait cette imitation CANON EN AUGMENTATION; voici un exemple:

On ne fait pas usage des canons en augmentation pour faire, avec eux, des morceaux de musique complets, surtout de notre temps; mais on fait bien des imitations de cette espèce que l'on emploie quelquefois dans le courant d'une fugue ou d'un morceau fugué.

5. Des Canons en diminution.

Le canon en diminution est le contraire du canon en augmentation: c'est à dire qu'en imitant on diminue (ordinairement de moitié) les valeurs de notes.

Ce canon (ou plutôt cette imitation) ne peut pas se prolonger au delà de la note SOL, marquée d'une + sans faire deux octaves consécutives, à moins que cette imitation ne soit en même temps par MOUVEMENT CONTRAIRE. Si l'on ne fait plus de canons en augmentation, on en fait encore moins en diminution; Mais une imitation de cette espèce peut s'employer dans une fugue dont le sujet est fort large.

---

* Ce signe indique que la basse cesse d'imiter le dessus à cet endroit: Ainsi tout ce qui fait le dessus en partant de cette note n'est qu'un accompagnement qui ne s'imite plus.

Des Canons à deux parties qui peuvent se changer
en trio ou en quatuor.

On fait un canon à deux parties, mais dont l'harmonie est en **contrepoint** soit à la dixième, soit à la douzième, soit (ce qui vaut mieux) a l'octave, tous trois doublés par des tierces suivant les regles que nous avons données sur ces contrepoints dans le second livre. Il est clair d'après cela que le duo canonique peut devenir un trio ou un quatuor renversables de plusieurs manières. Voici un exemple sur cette proposition:

Canon à deux en contrepoint double à l'octave.

Le même en trio, en doublant la basse par des tierces supérieures.

En mettant le dessus dans la basse et la basse dans le dessus, on obtiendra un autre trio.

Le même en quatuor, en doublant le dessus par des sixtes inférieures, et la basse par des tierces supérieures.

En mettant le dessus dans la basse et la basse dans le dessus, on obtient un autre quatuor.

On pourrait tirer quelque parti de ce canon, non pas comme morceau de musique, mais en employant ces exemples dans une production instrumentale d'une certaine longueur, comme dans une finale de symphonie ou de quatuor. Dans ce cas il faudrait les séparer, les promener dans differents tons et l'entrecouper par d'autres idées.

Les anciens appellaient CANON, chaque imitation exacte. Or, des imitations de quatre ou de six mesures étaient des canons pour eux. Ils ne nous ont pas laissé un seul exemple d'un morceau de musique de 50 ou 60 mesures en canon continu, bien suivi et bien modulé; aussi est-il plus difficile de faire un semblable morceau que de trouver une douzaine de canons énigmatiques.

TABLE DES MATIÈRES,

CONTENUES DANS LE PREMIER VOLUME DU TRAITÉ DE HAUTE COMPOSITION.

Livre premier.

Pages.

I. Des tons d'église en général et de la manière de les accompagner 1

II. Du style rigoureux, ou harmonie sévère 6

   1. Des différens genres de voix, de leur étendue de la manière de les traiter isolément dans les chœurs 7

   2. De l'harmonie à deux parties dans le style rigoureux 9

   3. Des accords usités dans le style rigoureux 15

   4. Des notes accidentelles (c'est à dire celles qui sont étrangères aux accords) dans le style rigoureux 19

   5. Des modulations dans le style rigoureux 25

   6. Des mesures, des mouvemens de mesures, des valeurs de notes et des tons dont on peut faire usage dans le style rigoureux 26

    Tableau sur les chances que les différentes voix offrent en composant des chœurs à trois et à quatre parties 28

III. Des chœurs doubles 29

IV. Éclaircissement sur l'harmonie dans le style moderne qui peut ou qui doit recevoir deux basses simultanées différentes 38

V. Récapitulation de tous les intervalles, considérés sous le rapport de la basse, suivie d'une notice sur la manière de transposer sans moduler 46

VI. Nouvelle théorie de la résolution des accords dissonnans d'après le système moderne 59

VII. Des cadences rompues 64

VIII. Tableau contenant plus de soixante suspensions, toutes préparées par l'accord parfait Sol - Si - Ré 71

   Chœur, dialogué par les instrumens à vent 74

   Fugue à double chœur 80

Livre deuxième.

   Explications préliminaires 87

I. Des contrepoints doubles à l'octave, ou à la quinzième 94

II. Du contrepoint double à l'octave avec des tierces ajoutées 102

III. Du contrepoint triple 104

IV. Du contrepoint quadruple 108

V. Du contrepoint à la tierce, ou à la dixième 112

VI. Du contrepoint à la dixième, à quatre parties... 119
VII. Du contrepoint à la quinte, ou à la douzième 121
VIII. Du contrepoint à la douzième, à quatre parties 125
    Observation sur la manière de terminer les contrepoints 126
    Remarques particulières sur les huit contrepoints précédents 127
    Observations sur le contrepoint à l'octave, qui n'est renversable que sous certaines
    conditions, ou qui exige une basse de correction 129
IX. Notice sur l'harmonie renversable à la neuvième, à la onzième, à la treizième et à la
    quatorzième 133
    1. Contrepoint à la seconde, ou à la neuvième 134
    2. Contrepoint à la quarte, ou à la onzième 135
    3. Contrepoint à la sixte, ou à la treizième 136
    4. Contrepoint à la septième, ou à la quatorzième 137
X. Du Contrepoint renversable par mouvement contraire, et du contrepoint par mouvement
    rétrograde 138
    1. Du contrepoint ou de l'harmonie renversable par mouvement contraire ....
    2. Du contrepoint par mouvement rétrograde 139
XI. De l'emploi des cinq contrepoints principaux 140
    1. Contrepoint double à l'octave ....
    2. Contrepoint triple 154
    3. Contrepoint quadruple 158
    4. Contrepoint à la dixième 165
    5. Contrepoint à la douzième 173

Livre troizième.

I. Des imitations 183
II. Des canons 194
    1. Des canons de société ....
    2. Des canons scientifiques 206
    Des canons et de l'harmonie rétrograde 217
    Du canon sur le plain-chant 221
    Du double canon 225
    Des canons énigmatiques, polymorphes, circulaires, en augmentation, en diminution,
    et des canons à deux parties qui peuvent se changer en trio et en qua-
    tuor 227

Fin du premier volume.